JN042712

「人それぞれ」がさみしい

「やさしく・冷たい」人間関係を考える

石田光規 Ishida Mitsunori

★――ちくまプリマー新書

392

はじめに

「みんなちがって、みんないい」

この言葉を耳にしたことがある人は、けっこう多いのではないでしょうか。この言葉は、金子《かねこ》みすゞさんの「私と小鳥と鈴と」という詩のなかに出てきます。一般的には、世の中のさまざまな存在を受け入れる優しい詩だと解釈されています。この世に同じものはなく、だからこそみんな素晴らしい、というわけです。

同じような意味合いで、最近、「多様性」という言葉をよく耳にします。英語でダイバーシティと表現されることもあります。こちらも、一人ひとりの違いを認識し、認め合うという意味合いで使われています。国際連合の提唱するＳＤＧｓ（持続可能な開発目標）を実現するひとつの軸としても、「多様性」が提案されています。

それでは、「人それぞれ」はいかがでしょうか。この言葉は、「多様性」以上に耳にする機会が多いのではないでしょうか。私の回りでも「人それぞれ」という言葉を使っている人をよく見かけます。この「人それぞれ」という言葉にも、「みんなちがって、みんないい」や「多様性」のように、それぞれの違いを尊重するような雰囲気があります。しかし、この言葉には、それ以外の意味合いがあるようにも思えます。たとえば、皆さんが友人と進学先の話をしているとしましょう。そのときに、「人それぞれだから」と言われたらどうでしょうか。この言葉を聞いて、「受け容《い》れてもらった」と嬉《うれ》しさを感じるより、突き放されてしまったような寂しさを感じる人も少なくないでしょう。「人それぞれ」という言葉には、一見、相手に受け容れられているようでいて、距離をおかれているような複雑な語感があります。この本は、そんな「人それぞれ」があふれた社会を取り上げます。

　具体的には、「人それぞれ」と言うことで、相手との距離をうまく保とうとする人間関係のありかたや、「人それぞれ」の社会に隠れた息苦しさ、問題などを扱います。本書をつうじて、身の回りの人間関係や社会を見直すきっかけをご提示できたら幸いです。

目次　＊　Contents

はじめに……3

第一章　「人それぞれ」が成立する社会の条件

第二章 「人それぞれ」のなかで遠のいていく本音

第三章　「人それぞれ」では片付けられない問題

第四章 萎縮を生み出す「人それぞれ」

第一章　「人それぞれ」が成立する社会の条件

1　「個人化」が進んだ社会

自由にいろいろなことをできるようになった社会

集団生活は息苦しくて、なんだか苦手。こんなことを思ったことはありませんか。閉鎖的で拘束力の強い集団は、「ムラ社会」などと呼ばれ、第二次世界大戦後、知識人から批判の対象となってきました。その背後には、集団的な社会が個々人の自由を損なってきたという考えがあります。「日本社会の集団的体質」と聞いて、良い印象を抱く人は、あまりいないでしょう。

ひるがえって、いまの社会を見ると、人びとは自由に、いろいろなことをできるようになりました。お金という制約がなければ、お休みの日に何を着て、何を食べるか、どこに行くかは自由です。進路や家族のあり方についても、自由に決められるようになりました。まさに、「人それぞれ」の時代と言えます。

しかし、「人それぞれ」の社会は、そう簡単には実現できません。「人それぞれ」にいろいろなことができるようになるためには、集団的体質から脱する必要があります。というのも、集団のなかに埋没した生活では、どうしても集団のルールに合わせて生活せざるを得ないからです。

個人化と「人それぞれ」

社会のさまざまな単位が、集団から個人中心になることを、社会学では「個人化」と言います。ウルリッヒ・ベックという社会学者が一九八〇年代に提唱しました。個人化には、共有から私有へといった物的側面の個人化と、個々人の意見の尊重などに代表される思想的側面の個人化があります。日本では、一九九〇年代後半から個人化が進んできたと言われています。

「人それぞれ」が浸透した社会は、個人化が進んだ社会と言い換えることもできます。

そこで本書では、議論の手始めとして、「人それぞれの社会」が成立した条件から見ていきましょう。

2 「一人」になる条件1：物の豊かさの獲得

集団的な体質から抜けだし、「一人」になるためには、物的あるいは思想的条件を整えなければなりません。まず、それぞれについて見ていきます。

集団的な社会

物的条件は、物質的に豊かになることで達成されます。ものの不足を共有によりまかなってきた時代、集団から抜け出し一人になることは、容易ではありませんでした。たとえば、農村では、道、河川、林など、あらゆるものを共同で管理し、共同で使ってきました。人びとは互いに協力することで、それぞれの生命を維持してきたのです。

このような社会では、集団のルールを守ることが何より重要です。というのも、ルールを破る行為は、他者の生命を危険にさらすからです。ゆえに、集団から抜け出し、一人の生活を楽しむには、あるていどの物の豊かさが必要だったのです。

とはいえ、「一人」になれるほどの豊かさは、そう簡単には得られません。日本人の多くが一人の生活を楽しめるようになったのは、第二次世界大戦後の高度経済成長あたりからです。それまでの日本は、農業人口が大多数を占める農村社会でした。七〇年くらい前まで、日本は、集団的特質がかなり強い社会だったのです。

経済成長とモノの充実

一九六〇〜七〇年代に入ると、経済成長とともに、家族団らんの場としてのお茶の間が家庭から消えていきます。それと引き換えに、それぞれの家には個室が配置されるようになりました。日本社会が「消費社会」と言われるようになるのも一九七〇年代あたりからです。

一九七〇年代の後半には、それぞれの部屋にテレビが設置されるようになり、一九八〇年代後半から九〇年代に入ると、各部屋にはルームエアコンまでもが配備されるようになりました。一九九〇年代後半には、パソコン、携帯電話といった情報通信機器が爆発的に普及していきます。

総務省の『通信利用動向調査』によると、二〇一八年には、七九・二％の人がスマートフォンをもち、四六・一％の人が携帯電話をもっています。さまざまな進歩の結果として、私たちは、快適な個室で情報機器を駆使しつつ、身体的に接していない「ソト」の人や場とつながる自由を手にしました。

商品・サービスと社会保障にゆだねられた生活維持

物の豊かさは、私たちから、物品の貸し借りの手続き、管理方法の決定といった調整コストの多くを省いてくれます。テレビが複数台あれば、チャンネル争いをする必要はありません。「人それぞれ」に好きなものを見ることができます。

同時に、機械技術が進歩することで、これまで共同でやらなければできなかったことも、一人でできるようになりました。さらに、生活サービスが充実することで、機械にゆだねることのできない行為も、お金で購入できるようになっていきます。今や、一定の資産をもち、通信環境を整えれば、人と会わない生活も可能です。

一定の資産がない人を救う社会保障制度も、ほころびの多さは指摘されるものの、着実に整えられてはいきました。私たちの生きる時代は、閉鎖的な集団に同化・埋没することで生活を維持していたムラ社会の時代とは違うのです。私たちの生活は、身近な人間関係のなかにではなく、お金を使うことで得られる商品・サービスと、行政の社会保障にゆだねられているのです。

3 「一人」になる条件2：個人を重視する思想

人権思想と自由主義

もう一方の思想的条件とは、「一人」あるいは「個人」の生活を後押しする考え方の拡《ひろ》がりです。代表として、人権思想や自由主義思想があげられます。

もともと、身分制度との戦いを目的とした人権運動は、ヨーロッパ、アメリカを中心に広まっていきました。この人権の思想も、第二次世界大戦後の一九四八年に「世界人権宣言」という形で、世界に拡散していきます。「はじめに」で紹介した多様性の話も、その延長線上にあります。

もう一方の自由主義思想は、「他者への危害」を加えないかぎり、個々人の自由をかぎりなく尊重することを提唱しています。そのため、人権思想と密接な関わりがあります。この思想もヨーロッパに起源をもち、ジョン・スチュアート・ミルが一八五九年に出版した『自由論』が有名です。私たちの憲法が保障するさまざまな「自由」も、こういった思想を背景としています。

個性と多様性の尊重

人びとの主義・信条・行為を尊重する考え方は、学校の現場では個性の尊重という形で表れてきました。物的な豊かさを獲得した一九八五年には、臨時教育審議会の第一次答申で「個性重視の原則」が訴えられるようになります。

この頃は、国際競争が激しくなり、いじめも頻発し、画一的な日本の教育に厳しい視線が注がれていました。だからこそ、「自他の個性を尊重し、自他の個性を生かすこと」に注目が集まったのです。

個性の尊重は、その後も、私たちの社会に共通の価値観として重んじられていきます。進路指導は、教員側からの一方的な指導ではなく、児童・生徒個々人の「やりたいこと」に注目するようになりました。「やりたいこと」への注目は、教育の場にかぎったことではありません。一九八〇年代には「自分探し」がひとつのブームとなります。人びとが「やりたいこと」を重視するようになれば、集団の拘束力は必然的に弱まります。というのも、人びとは、集団の意向を重視せずに、個々人の「やりたいこと」を優先するようになるからです。こうして、物的にも思想的にも「一人」になりやすくなる条件が整いました。

二〇〇〇年代に入ると、個性の尊重の流れに多様性尊重の流れも加わります。この流れとともに、今までマイノリティとみられてきた人びとの権利を見直す機運が高まりました。同時に、さまざまな志向も「多様な志向のなかのひとつ」として受け入れられるようになっていきます。多様性尊重の流れは、二〇〇〇年以前からもあったのですが、日本社会で明確に意識され出したのは、二〇〇〇年代以降といってよいでしょう。

失われた「定番のライフコース」

そこにさらに社会からの後押しも加わります。農村社会から脱した私たちは、物的に豊かになっていったものの、ただちに個人を単位とする生活に変わったわけではありません。農村社会の後の日本は、家族と会社という集団を中心に社会の仕組みを築いていきました。日本の経済の成長もあり、日本の会社の集団的な体質は、ときに賞賛の対象にもなりました。

家族と会社を中心とする日本社会には、一九九〇年代初頭まで、「定番のライフコース」とでもいうものが存在していました。たとえば、男性ならば、学校卒業後に就職し、そこから数年を経て結婚し、子どもをもち、稼ぎ手として仕事を全うするというものです。一方、女性ならば、いわゆる一般職に就職し、しばらく働いた後に結婚し、子どもが生まれた後は、家庭生活を中心に据えていく、という感じでしょうか。

しかし、このようなライフコースを実現することは、一九九〇年代後半には、難しくなってしまいました。五〇歳時点で一度も結婚したことのない人の多さを表す五〇歳時未婚率（旧、生涯未婚率）は、男性は一九九〇年代、女性は二〇〇〇年代に急上昇をとげます。今や、誰もが結婚する時代ではありません。そもそも、結婚や家族のあり方じたいも多様になりました。

図1と図2は、結婚や出産にかんする意識について継続的に尋ねた『日本人の意識』調査（NHK放送文化研究所）の結果です。結婚については、「人は結婚するのが当たり前だ」と「必ずしも結婚する必要はない」という選択肢から、出産については、「結婚したら、子どもをもつのが当たり前だ」と「結婚しても、必ずしも子どもをもたなくてもよい」という選択肢から選ぶ方式をとっています。この図を見ると、結婚についても、出産についても、「当然」するべきと考えている人は、一九九三年からほぼ右肩下がりに減っていることがわかります。

一生涯同じ会社に勤める終身雇用や、夫は外で働き妻は家を守るという性別役割分業も、今では過去のものとなりつつあります。女性の労働への進出が進み、今や専業主婦世帯は、日本社会の最大勢力ではありません。一九九〇年代後半の法改正で派遣社員が増えたことにより、終身雇用の体制は大きく揺らぎました。そもそも、ひとつの企業に継続して働こうという意識も、かなり弱まっています。

社会から「標準」とされるライフコースが失われれば、私たちは、否応なく、自らの人生を自身で設計しなければならなくなります。たとえ「やりたいこと」が明確であろ

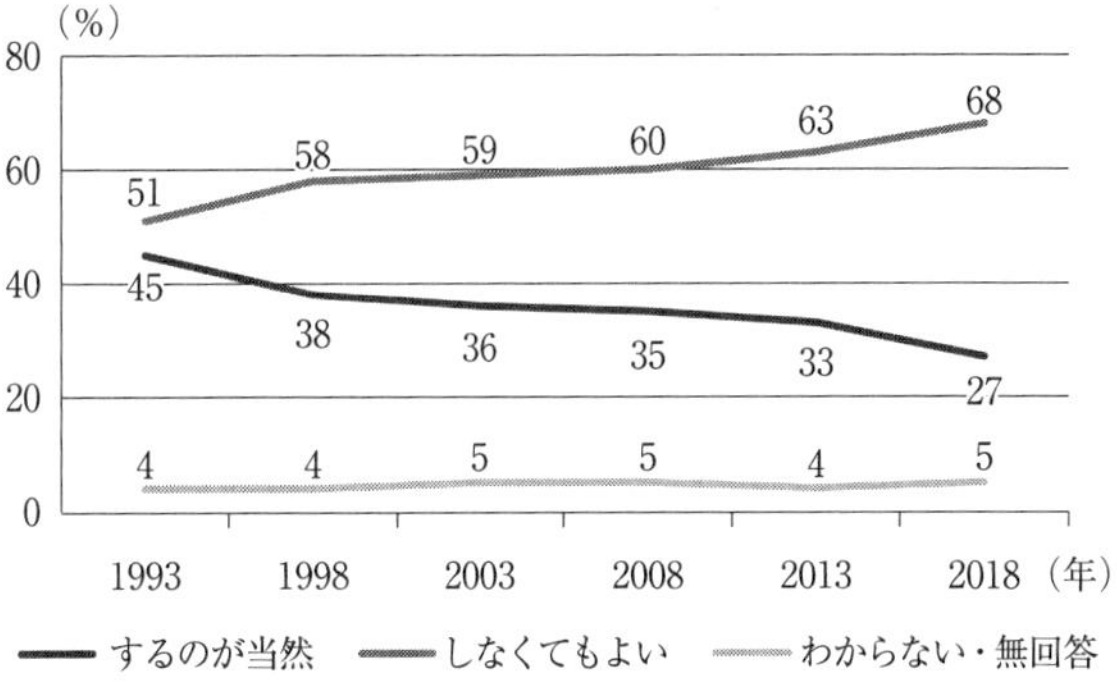

図1　結婚にかんする意識(『日本人の意識調査』から)

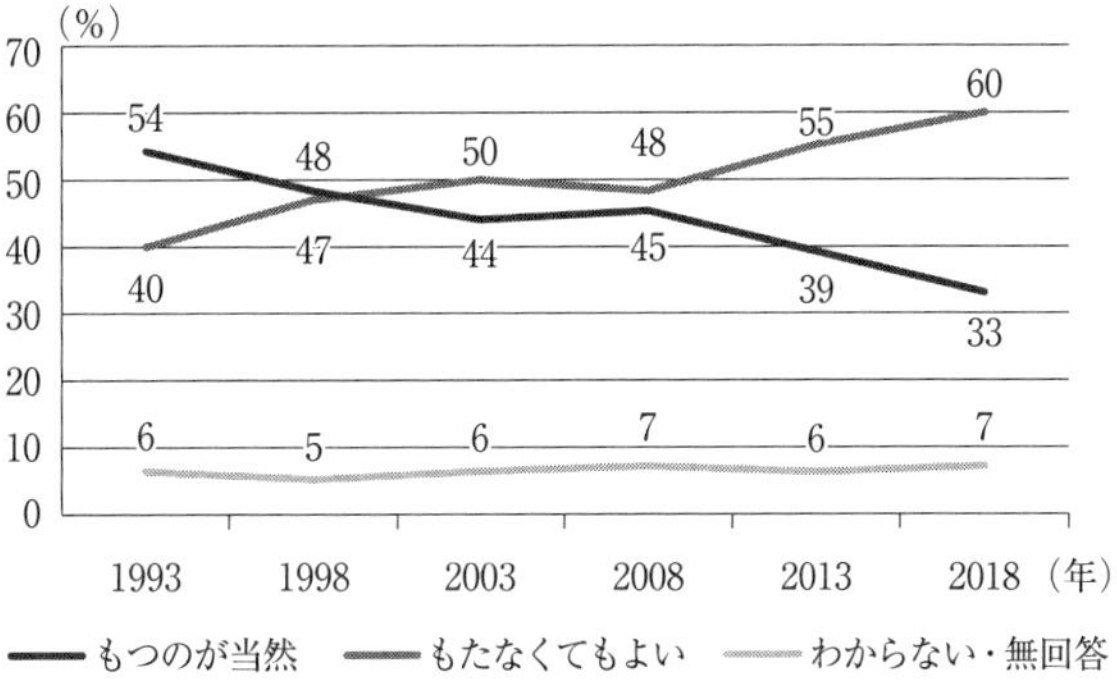

図2　出産にかんする意識(『日本人の意識調査』から)

うとも、なかろうとも、それぞれに「やりたいこと」を探して、人生を設計していかねばならないのです。学校の現場でも早くからキャリアプランをたてることが推奨されています。

それと並行して、選択できるライフスタイルの幅も広がりました。服装、食べ物、一日の過ごし方など、私たちの日常生活は、選択の機会にあふれています。このような状況だからこそ、個人・個性への注目はいっそう高まっていきます。というのも、選択の背後には、個々人のなんらかの意思がはたらいていると考えられるからです。ジャン・ボードリヤールは、このような社会を、日常生活が審美の対象になるという意味で、「日常生活の審美化」と呼んでいます。

個人化と「人それぞれの社会」

ここまで述べてきた、個人化した社会や一人になれる社会は、「人それぞれ」という言葉と強い親和性があります。物的に豊かになったことで、私たちは、単純にものを「もつ」かどうかだけではなく、どのようなものをもつのか、選べるようになりました。

つまり、なにをもつかは、「人それぞれ」になったのです。

選択できるライフスタイルの幅が広がったことで、どういった人生を歩むかも「人それぞれ」になりました。どのような家族をつくるか、そもそも、家族をつくるかつくらないかも、どのような仕事をするかも「人それぞれ」に選ぶことができます。

「一人」になれるようになったことで、人とのつき合い方も「人それぞれ」の余地が増えました。会社の懇親会やゼミの飲み会への参加も「人それぞれ」で、今や強制できる時代ではありません。一人で過ごすか、それとも、つながりのなかに入っていくかも「人それぞれ」になってきました。

4 「個を尊重する社会」と「人それぞれの社会」

現代は「個を尊重する社会」なのか？

では、今の社会は「個を尊重する社会」と言えるでしょうか。私たちが、拘束力が強く閉鎖的な集団を脱し、「一人」になることを求めた理由の奥底には、「集団ではなく個を尊重したい」という願望がありました。

たしかに、かつての社会より、多様な主義や信念は尊重されるようになりました。性的指向については、多様性に配慮する方向で変化が進んでいます。一〇年前であれば、性的マイノリティを表す「ＬＧＢＴＱ」などといっても何のことか分からない人も多かったでしょう。

一九八〇年代であれば、結婚をしない人生を貫き通すことはけっこう大変だったかもしれません。結婚しない人に「一人前ではない」と厳しい言葉が投げかけられたり、昇進で差別されたりすることもありました。そう考えると、私たちは「個を尊重する社会」に生きているように感じます。

しかし、何でも自由に言えるようになったかというと、そうでもない気もします。たとえば、友人であっても気を遣って、なかなか深い話ができない、ということはないでしょうか。会社で管理職に就いている人であれば、「今は何でもハラスメントにされてしまうから、部下とどう接したらいいかわからない」という人もいるでしょう。

「個を尊重する社会」というのは、一人ひとりがそれぞれに独立した意見をもち、それを率直にぶつけられる社会という意味合いもありました。誰もが、気を遣いつつも、率直に意見をぶつけ合うことで、よりよい社会を築いていく。そういった対話のある社会が目指されてきたのです。

果たしてそういった社会は実現できたのでしょうか。世の中を見渡してみると、実際に到来したのは、目の前の他者に対して意見や批判をすることを憚《はばか》り、それぞれが自分の殻に閉じこもる社会、あるいは、検索をつうじて、互いに意見の合致している人のみが結びつき、意見の合わない人は寄せ付けない分断型の社会ではないかと思うこともあります。そこからは、個を尊重する姿勢を読み取ることはできません。

では、なぜこのようなことが起きてしまったのでしょうか。この謎を読み解く鍵として、本書では「人それぞれ」という言葉に着目します。

相手を否定しない技法の発達

個人化と「人それぞれ」に強い親和性があるように、「人それぞれの社会」と「個を尊重する社会」は、じつは非常に近い位置にあります。というのも、「個を尊重」したからこそ、「人それぞれ」に陥ってしまう、ということがたびたびあるからです。詳しくみていきましょう。
「個を尊重する社会」とは、個々人の選択や決定を尊重する社会です。「一人」の生活の浸透とともに、生活のさまざまな場面で、個人の希望や選択がとりわけ重視されるようになりました。私たちは、集団ではなく自らの意思にしたがって、なんらかの行動を起こすことができるようになったのです。

このような社会では、いわゆる「べき論」を使って、相手の行為や主義・信条に申し立てをすることはあまりできません。具体的に言うと、「男性ならばこうあるべき」、「部下ならばこうあるべき」などといった形で、なんらかのカテゴリーを持ち出して他者に意見をすることは、こんにちでは容易ではないのです。皆さんも思い当たるのではないでしょうか。他者が表出した意見や行動は、いったん受け止めるというのが、個を尊重する社会の流儀なのです。

このように、個人の希望や選択が重視されるようになると、誰かの希望や選択に対して、否定的な意見をなかなか言い出せなくなります。というのも、相手の考えを否定する行為は、「相手の考えや行動を尊重しない行為」と解釈されかねないからです。だからこそ私たちは、相手の考え方や行動を否定しないよう細心の注意を払います。

「人それぞれ」が重宝される若者の友人関係

このような傾向は、若者の友人関係に顕著に表れています。日本では、一九八〇年代から、友人と深く関わろうとせず、互いに傷つけ合わずに、場を円滑にやり過ごすことに重きをおく友人関係が目立つようになりました。土井隆義《どいたかよし》さんはこのような友人関係を、お互いの感覚のみに依拠し、相手を傷つけないよう過剰に配慮する「優しい関係」と表現しています。場を円滑にやり過ごすには、相手を否定しない、あるいは、傷つけないコミュニケーションの技法が有効なのです。

とはいえ、「否定しない」というのは、そう簡単にできることではありません。もちろん、明確な否定表現や中傷表現は避ける、「べき論」は避けるといった形で、簡単な予防は可能です。しかし、相手を否定したかどうかの判定は、多くのコミュニケーションにおいて、曖昧な領域に留め置かれたままです。というのも、なんらかの表現に対する否定判定は、結局のところ、発せられた言葉や行動を受け止める相手の気持ちにゆだねられているからです。

たとえば、友だちから進路についての相談を受けたとしましょう。このとき、友だちの話す進路について「あまりよくない」と思ったとしても、それを伝えるのは容易ではありません。伝え方によっては、相手に「自分のことを否定された」と思われるかもしれないからです。もっと簡単な例で言うと、相手を褒めたつもりだったのに、反対の受け取られ方をする、ということは珍しくないでしょう。

このような状況は、私たちに非常に厄介な課題を突きつけます。私たちは、コミュニケーションの正解が見えないなか、相手の感情を損なう表現を避けつつ、その場を穏便にやり過ごすよう求められているのです。このような場で重宝されるのが「人それぞれ」という表現、または立ち位置です。「人それぞれ」という言葉は、相手の意向を損なわずに受容するという難題に対して、最適解を提供してくれます。

相手の考え方に違和感をもったとしても、「人それぞれ」と言っておけば、ひとまず対立を回避して、その場を取り繕うことができます。「べき論」を使って、規範を押しつけてくる人よりも、「人それぞれ」と言って、相手を受け入れてくれる人のほうが好まれるでしょう。私たちは「人それぞれ」という言葉を使うことで、さまざまな場を穏便にやり過ごしているのです。

気を遣い合い、対立を回避しようとする社会

では、このような社会は、お互いの主義・主張を、批判も含めためらいなくぶつけられる「個を尊重する社会」と言いうるでしょうか。私には、主義・主張をぶつけ合うことよりも、対立を回避するために、他者に対する批判や意見を憚り、気を遣い合うことに重きをおいている社会に見えます。

対立を回避するために、他者に対する批判や意見を憚り、気を遣い合うことに重きをおく社会を、「人それぞれの社会」としておきましょう。本書では、この「人それぞれの社会」に焦点をあて、身近な人間関係や社会について考察していきます。

第二章、第三章では、「人それぞれの社会」が身近な親しい人とのつながりをどのように変えてしまったのか、どこに問題があるのか検討します。

第四章、第五章は、もう少し広い社会に焦点をあてます。さまざまな物事が「人それ

ぞれ」に転じたとはいえ、どんな行動も「人それぞれ」と許されるわけではありません。さきほども述べたように、「人それぞれの社会」は否定に敏感な社会でもあるのです。否定に敏感な社会は、言葉に慎重な社会ととらえることもできます。そこで、第四章では、「人それぞれの社会」での萎縮について扱います。

「人それぞれの社会」で萎縮する人がいる一方で、否定を避けるように言われても、そうできない人もいます。あるいは、否定できないことに対して不満を抱く人もいます。第五章では、このような状況から生じる社会の分断について扱います。

第二章　「人それぞれ」のなかで遠のいていく本音

1　ある会話から

おしゃれなカフェでふたりの女性が話しています。友だちどうしでしょうか。

「わたし、このまま結婚しないでいようと思うんだ」

「ふ〜ん、どうして」

「なんだか結婚って息苦しいし、このまま一人のほうがラクだなって……」

「そっか〜、ま、**人それぞれ**だもんねぇ」

次に、とある大学の授業を覗《のぞ》いてみましょう。どうやら討論形式の授業をしているようです。

「今日のテーマは『私たちはオンラインの環境を制限した方がよいのか』です。グループに分かれて、一〇分くらい議論してください」

教員の掛け声とともに、学生が気だるそうに移動する。

「オンラインの制限だってよ。どうする？」

「どうしよっか」

「強制とか制限っていうより、**人それぞれ**でよくね？」

「そうだよなぁ……」


皆さんも誰かと話しているときに、つい「人それぞれ」と言ってしまうことはありませんか。ここにあげたような会話は、こんにち、いたるところで見られます。この章では、あるていど顔を見知った関係のなかで展開される「人それぞれ」のコミュニケーションに注目していきます。

2　気楽さと不安の狭間で

無理して人と付き合わなくてよい気楽さ

「一人」になれる条件が整い、人びとの選択や決定が尊重されるようになった社会では、さまざまな物事を「やらない」で済ませられるようになります。ある行為を「やらねばならない」と迫る社会の規範は緩くなり、何かを「やる」「やらない」の判断は、個々人にゆだねられます。

この傾向は人間関係にも当てはまります。私たちが生きる時代は、閉鎖的な集団に同化・埋没することで生活が維持されてきたムラ社会の時代と違います。生活の維持は、身近な人間関係のなかにではなく、お金を使って得られる商品やサービスと、行政の社会保障にゆだねられるようになったのです。

このような社会では、誰かと「付き合わなければならない」と強制される機会が、徐々に減っていきます。会社やクラスの懇親会への参加はもはや強制される時代ではありません。地域の自治会への加入も任意性が強くなりました。趣味のサークルを続けるか続けないかは、まさに「人それぞれ」でしょう。
誰と付き合うか、あるいは、付き合わないかは、個々人の判断にゆだねられています。俗っぽく言えば、私たちは、（嫌な）人と無理に付き合わなくてもよい気楽さを手に入れたのです。

今や、人と人を結びつける材料を、生活維持の必要性に見出すことは難しくなりました。人と人を結びつける接着剤は、着実に弱くなっているのです。

つながりに注ぎ込む「感情」

では、このような社会で、つながりを維持するにはどうすればよいのでしょうか。生活維持の必要性という、人と人を強固に結びつけてきた接着剤は弱まっています。そうであるならば、私たちは、目の前の関係をつなぎ止める接着剤を新たに用意しなければなりません。そこで私たちは、弱まってきた関係をつなぎ止める新たな補強剤として、つながりに大量の「感情」を注ぎ込むようになりました。

このような傾向は、メディアからも読み取ることができます。日本映画界の巨匠、小《お》津安二郎《づやすじろう》監督の作品に、『長屋紳士録』という短い映画があります。この映画は、終戦から二年後の一九四七年に公開されました。当時は、東京下町を舞台にした人情劇と評価されています。簡単にあらすじを紹介しましょう。

おもな登場人物は、長屋の住人と少年です。物語は、長屋に住む女性のところに、実の親とはぐれてしまった子どもが届けられるところから始まります。そのさい、長屋のその他の住人とひと悶着《もんちゃく》あるのですが、結局、女性が少年の面倒を見ることになります。最初は子どもの世話を嫌がっていた女性も、だんだんと情が移り、子どもをかわいらしく思ってきます。しかし、その矢先に、子どもを探していた実の親が登場し、女性と子どもの間に別れが訪れます。子どもが去った後、女性はあらためて親子のつながりのよさに気づく、というのが大まかなあらすじです。

長屋の住人は、鍵もかけず、お互いの家にしょっちゅう行き来をし、何かにつけ雑談をします。親子のつながりや、長屋の住人どうしの密接な交流。こういった言葉からは、「昔ながらの温かなつながり」を想像することができます。

しかし、今の人びとが見ると、この映画に対してかなりの違和感を抱くでしょう。その理由は、登場する人びとの感情的な交流の少なさにあります。

人情劇であるこの映画のなかで、スキンシップと言いうる場面は、少年が女性の肩をたたくシーン以外、いっさいありません。感情的な交流の少なさは、実の親と子どもの再会のシーンに集約されます。

物語のクライマックスである親子の再会、および、少年と女性との別れは、現在の感覚からすると、さぞ感動的に演出されるのではないかと思います。しかし、『長屋紳士録』において、そのような表現はまったくありません。

再会を果たした親子は、互いに駆け寄ることも、抱き合うこともありません。それどころか親は、近寄る子どもを手で押しのけ、女性にお詫《わ》びと御礼の挨拶をすることを優先させます。つまり、儀礼を優先しているわけです。

子どもと女性の別れのシーンでも、涙や抱擁はいっさい見られません。少年が「オバチャンサヨナラ」とぶっきらぼうに述べ、別れのシーンは終わります。ここから、「人情劇」と言われた映画でさえも、感情表現は非常に乏しいことがわかります。

この映画を見た学生は、「昔のつながりは濃密だけど感情や気遣いが薄く、今のつながりは希薄だけど、感情や気遣いが濃い」と述べていました。この言葉は、感情に満たされた今の人間関係をよく表しています。

感情に補強された不安定なつながり

しかし、感情に補強されたつながりは、それほど強いものにはなりません。私たちは、相手とのつながりを「よい」と思えば関係を継続させるし、「悪い」と思えば関係から退くこともできます。この特性のおかげで、私たちは、無理して人と付き合わなくてもよい気楽さを手にしました。理不尽な要求や差別的な待遇から逃れやすくなったのです。しかし、人と無理に付き合わなくてもよい気楽さは、つながりから切り離される不安も連れてきてしまいました。

お互いに「よい」と思うことで続いていくつながりは、どちらか、または、両方が「悪い」と思えば解消されるリスクがあります。放っておいても行き来がある長屋の住人とは違うのです。このような状況で関係を継続させるには、お互いに「よい」状況を更新してゆかねばなりません。つまり、つながりのなかに「よい」感情を注ぎ続けねばならないのです。

この特性は、その人にとって大事なつながりであればあるほど強く発揮されます。私たちは、大事なつながりほど「手放したくない」と考えます。しかし、あるつながりを手放さないためには、相手の感情を「よい」ままで維持しなければなりません。大事な相手とつながり続けるためには、関係からマイナスの要素を徹底して排除する必要があるのです。

とはいえ、個々人の心理に規定される「よい」状況は、社会に共有される規範ほどには安定していません。社会のルールはなかなか変わりませんが、個人の感情は日によって変わることもあります。何かの拍子に、ふと、「悪い」に転じてしまうこともあるのです。つまり、人と無理に付き合わなくても良いつながりは、ふとしたことで解消されてしまう不安定なつながりとも言えるのです。

かといって、目の前のつながりを安定させる最適解は、そう簡単に見つかりません。人の心を覗くことはできませんから。

コミュニケーションの指南書が書店に並び、「コミュ力」や「コミュ障」といった俗語が流布する現状は、コミュニケーションにまつわる人びとの不安を物語っています。私たちは、人間関係を円滑に進めてゆく行動様式がはっきり見えないまま、相手の心理に配慮しつつ、コミュニケーションを行う厄介な状況にさらされているのです。

3　重宝される「人それぞれ」のコミュニケーション

「人それぞれ」と解釈することで対立を回避

この厄介な状況に対処するにあたって重宝されてきたのが、「人それぞれ」を前提としたコミュニケーションです。私たちは、たとえ相手の見解が、自身の見解と異なっていたとしても、「人それぞれ」と解釈することで、対立を回避することができます。あるいは、相手の行動が自身にとって理解できないものであっても、「人それぞれ」とすることで、問題化することを避けられます。

たとえば、この章の冒頭にあげたやりとりを振り返ってみましょう。ここで、「一人のほうがラク」と語る友人に対して、「一人でいるなんて寂しくない⁉︎　結婚した方がいいよ」と答えるのは、あまり望ましくありません。というのも、結婚を勧める言葉は、

「一人でいる」という友人の決断を損なう可能性があるからです。友人の決断を損なう行為は、相手の意思の尊重という意味ではあまり望ましくありません。かといって、慰めるのも、友人を下に見ているように思われる可能性があります。こうしたときに、「人それぞれ」と無難に収めておけば、とりあえず波風は立ちません。

ふたつ目の例は、率直に考えを述べる難しさを表しています。個の尊重を前提とした「人それぞれの社会」では、相手を否定しないことに加え、自らの考えを押しつけないことも求められます。それぞれの意思を尊重する社会では、意見を押しつけず、それぞれの考え方を緩やかに認めることが肝要なのです。

このような環境では、たとえ、自身はオンラインを制限した方がよいと思っていたとしても、それを表明すると、考えの押しつけになってしまいます。「人それぞれ」のコミュニケーションは、このようなときにも重宝されます。というのも、「人それぞれ」という言葉を使っておけば、自らの立ち位置を守りつつ、相手の意思を尊重することも可能だからです。

不安定なつながりのなかを生きる私たちは、「人それぞれ」という言葉を使って、お互いの意見のぶつかり合いを避けています。このようななかで率直に意見を交わし、議論を深めるのは、そう簡単ではありません。

「多少自分の意見をまげても、友人と争うのは避けたい」

人びとの心理的な発達を研究したエリク・H・エリクソンは、青年期に友人とかかわることの重要性を指摘しています。そこで想定される友人関係は、お互いの内面をさらけ出し、率直に意見をぶつけ合うようなつき合いです。このような関係性は、自我を確立するにあたり、重要な役割を果たすとみなされてきました。

しかし、第一章でもふれたように、一九八〇年代の後半あたりから、若者の友人関係の変化が指摘されるようになります。具体的には、友人と深く関わろうとせず、互いに傷つけ合わずに、場を円滑にやり過ごすことに重きをおく友人関係に変わってきたと言われています。

たとえば、新潟県の四年制大学に通う学部生に調査をした岡田努《おかだつとむ》さんは、若者の友人関係の特性として、「気遣い」「ふれあい回避」「群れ」という三つの志向をあげています。ここで言われる「気遣い」とは、相手に気を遣い、互いに傷つけないよう心がける志向、「ふれあい回避」とは、友人と深い関わりを避けて互いの領域を侵さない志向、「群れ」とは、ノリなど集団の表面的な面白さを追求する志向です。これらは、「変化した」と言われる友人関係の特性に合致します。

同じような傾向は、他のデータからも読み取ることができます。図3と図4は、第一生命経済研究所と青少年研究会が、それぞれ一六〜二九歳の人びとを対象に行った調査の結果です。どちらの調査も継続調査のため、意識の変化の有り様をつかむことができます。

第一生命経済研究所の調査は、「多少自分の意見をまげても、友人と争うのは避けたい」という質問文に対して、青少年研究会の調査は、友人と「意見が合わないと納得いくまで話す」という質問文に対して、いずれも「よくある」「ときどきある」と答えた人の比率を示しています。

「多少自分の意見をまげても、友人と争うのは避けたい」という意見に対しては、一九九八年には男性の四六・五%、女性の六〇・五%が「よくある」「ときどきある」と答

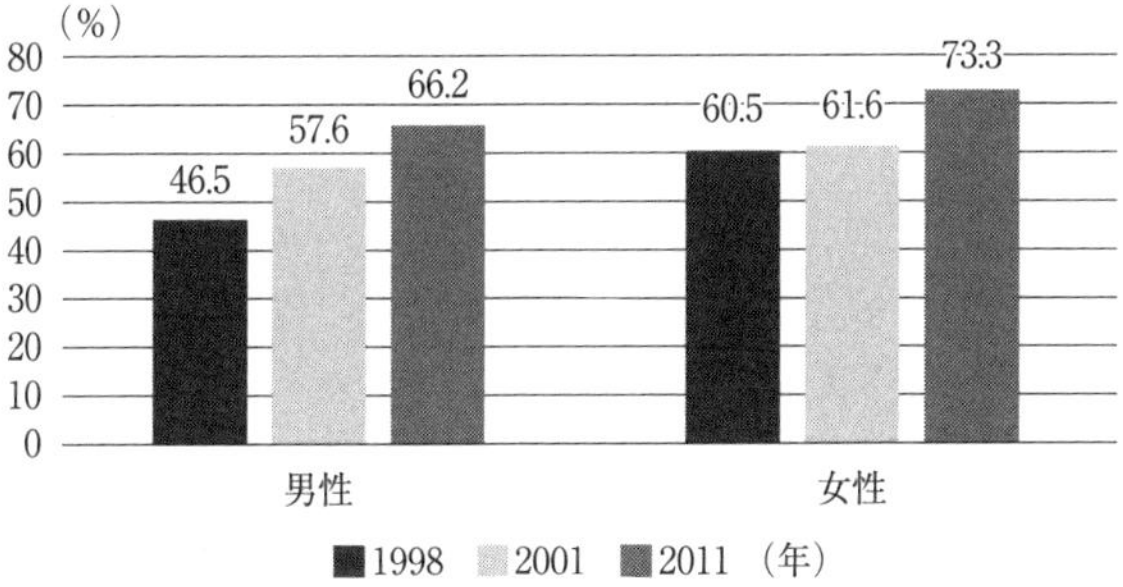

図３　「多少自分の意見をまげても、友人と争うのは避けたい」と答えた人の割合（第一生命経済研究所調査）

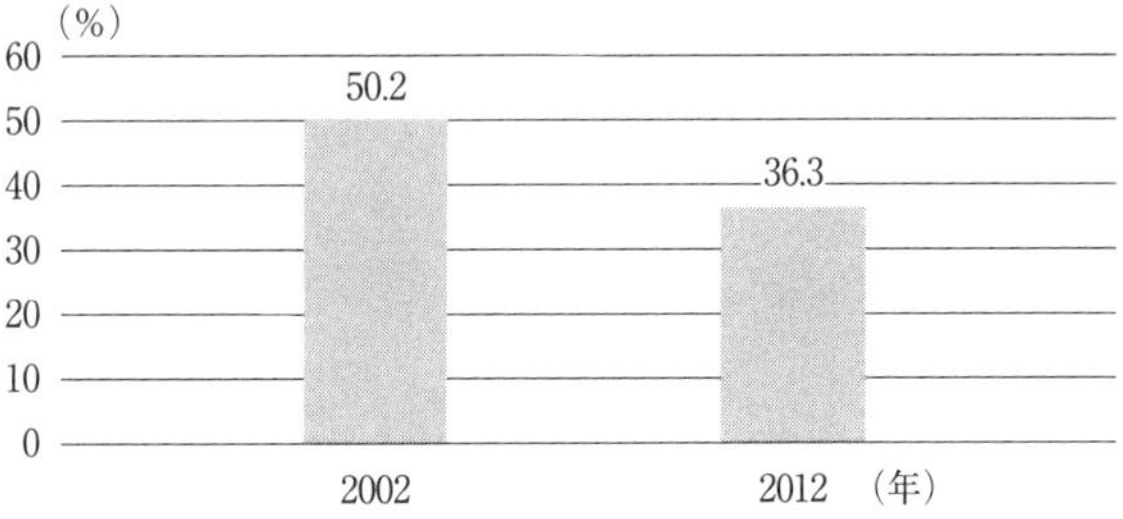

図４　「意見が合わないと納得いくまで話す」と答えた人の割合（青少年研究会調査）

えていました。この数値は二〇一一年になると、男性六六・二％、女性七三・三％にまで跳ね上がります。一方、友人と「意見が合わないと納得いくまで話す」人は、二〇〇二年の五〇・二％から、二〇一二年は三六・三％にまで減ってしまいました。自分の意見を曲げてでも友人と争うのは避けたいと考えている人が増え、たとえ意見が合わなくても友人と納得のいくまで話す人が減っていることがわかります。

この結果は、「人それぞれ」のコミュニケーションが横行する社会の実情をよく表しています。「個を尊重」し、人と人をつなぎ止める材料が少ない社会では、争いや対立は、関係の存続を脅かしかねません。だからこそ私たちは、つながりを保ちたいと思う相手に対して、極力対立を回避するよう心がけます。身近な人との争いや対立を避けることは、今を生きる人びとにとって、とても大事なことなのです。

争いや対立を避けるにあたり有効なのが、「人それぞれ」のコミュニケーションです。というのも、「人それぞれ」のコミュニケーションには、対立を表面化させず、沈静化する作用があるからです。私たちは、お互いの意見が対立やぶつかり合いに発展するまえに、「人それぞれ」という優しさの呪文を唱えて、お互いの干渉を回避しているのです。

4　遠のく「身近な人」たちと、漠然とした寂しさ

受け入れつつ突き放す「人それぞれ」

さて、それぞれの行為や主張を「人それぞれ」として受け入れる社会は、優しい社会と言えるのでしょうか。私はそうは思いません。というのも、人びとの行為や主張を「人それぞれ」と受け止める社会には、その言葉が発された瞬間から、対話の機会をさえぎるはたらきがあるからです。

かりに、皆さんが一緒に話している相手の決定や選択に、違和感や不満があったとしましょう。争いや対立を関係の存続を脅かすものととらえる社会では、このような違和感や不満は、「人それぞれ」という言葉に飲み込まれてしまいます。それゆえ、そのときにわき起こった違和感や不満が表面に出てくることはありません。

相手の心理をはかりかねるときも同じです。そのようなときは、下手に話題を掘り下げると、対立を引き起こすかもしれません。それならば、「人それぞれ」という形で会

話を引き取って、場を無難に収束させるのが肝要でしょう。

こうした行動の積み重ねの結果、「人それぞれの社会」で交わされる会話は、当たり障りのない通り一遍のものになっていきます。

また、このような社会では、共感を得ることも難しくなります。かりに、ある人が、なんらかの意見に共感を求めているとしましょう。ここで、「人それぞれ」という言葉が発せられると、それ以上に踏み込んだ会話を行うのは、難しくなります。だからこそ、私たちは「人それぞれ」という言葉に、なんとはなしの寂しさを覚えます。

冒頭にあげた女性は、もしかしたら、結婚についてもっと話したかったのかもしれません。しかし、「人それぞれ」という言葉が発せられると、それ以上に話を掘り下げるのは難しくなります。討論の事例も同じです。「人それぞれ」という言葉が発せられると、あまり議論は深まっていきません。

「人それぞれ」という言葉には、一見すると、相手を受け入れているような雰囲気があります。しかし、この言葉は、一度発せられると、互いに踏み込んでよい領域を区切ってしまいます。それに加え、それぞれが選択したことの結果を、自己責任に回収させる性質もあります。

主義・信条を率直に表明できる「個を尊重する社会」を目指した私たちは、いつの間にか、それぞれの人たちを不透明な膜で仕切った「人それぞれの社会」をつくりあげてしまいました。「人それぞれ」の横行する社会で、対立や批判をも含んだ強靭《きょうじん》な関係や、共感をともなう関係をつくることは難しいでしょう。

このような状況は、友人といると却って疲れてしまう、という皮肉な結果をもたらします。先ほどあげた「青少年研究会」の調査では、「友達といるより一人が落ち着く」という質問への回答も求めています。この質問に「よくある」「ときどきある」と答えた人は、二〇〇二年の四六％から、二〇一二年には七一・七％にまで上がりました。今や友人関係は、「気の置けない」ものではなく、「人それぞれ」の優しさに包まれた気遣いの関係に転じたのです。

高まる孤立の不安

共感をともなう関係がなくなると、人びとの孤独感も強まっていきます。二〇二一年、菅《すが》前首相は、孤独・孤立対策担当室を設置すると同時に、孤独・孤立対策担当大臣も任命しました。コロナ禍ということもありますが、日本社会で、孤独・孤立に注目が集まっていることがわかります。

人とのつき合いが「人それぞれ」になると、私たちは、人間関係を「それぞれ」に自己調達しなければなりません。しかし、必ずしも望ましい人間関係を得られるとはかぎりません。また、さきほども述べたように、いまつながっている人から「切り離される不安」もあります。

このような状況は人びとに、人間関係を築くことのできない不安、または、今ある関係から切り離されてしまう不安をかき立てます。現代社会は、多くの人が孤立することへの不安を抱えた社会、とも言えるでしょう。

「人それぞれの社会」では、人びとの孤独感も増していきます。「人それぞれの社会」であっても、多くの人はつながりを確保しています。しかし、そのつながりは、お互いの気遣いにより成り立つものであるため、なかなか本音を話すことはできません。多くのつながりに囲まれているにもかかわらず、本音を出すことができないジレンマは、人びとの孤独感を高めます。誰も「本当の私」を見てくれないという感覚を高めるからです。

私が教えている学生にも、いくつかのサークルに所属し、アルバイトもしているのに、いずれの場でも「素の自分」を出せないと悩んでいる人がいます。しかも、そういった人は少数ではありません。こうした人びとを対象とした卒業論文が複数書かれるほどに目立つ現象になっています。

先ほど、「友達といるより一人が落ち着く」と答えた人が、二〇一二年の調査では七一・七％もいると述べました。しかし同じ調査で、「友達と連絡を取っていないと不安」と答えた人は、なんと八四・六％もいます。つまり、若い人たちは、「友達といるより一人が落ち着く」にもかかわらず、「友達と連絡を取っていないと不安」と考えているわけです。

この結果には、「人それぞれの社会」で形成される友人関係への不安と疲労の色合いがにじみ出ています。互いに傷つけないよう、あるいは、場を乱さないよう配慮する関係性は、高度なコミュニケーション技術を要するため疲れます。だからこそ、多くの若者は、「友達といるより一人が落ち着く」と考えます。

しかし、その一方、人と人を強固に結びつけてきた接着剤は弱まり、友人関係とはいっても、切り離される不安がつきまといます。だからこそ、人びとは、関係から切り離されないよう、高度なコミュニケーション技術を駆使してでも、「友達と連絡を取って」いるのです。

寂しい日本人

日本人の孤独感の大きさや孤立しがちな傾向は、国際比較を行った調査からも確認されています。有名なところでは、一九九九年から二〇〇二年の『世界価値観調査』の結果をもとにしたOECD（経済協力開発機構）の調査報告があげられます。この報告では、世界二〇カ国の「友人、同僚、その他宗教・スポーツ・文化グループの人とまったく、あるいはめったに付き合わない人」の比率がまとめられています。図5はその結果です。

この図をみると、人とのつき合いがない「孤立状態」にある人は、日本にいちばん多いことがわかります。もっとも少ないオランダの二％と比べると、日本の数値はかなり多くなっています。

同じように有名なのが、ユニセフがOECD諸国の一五歳の生徒を対象に、二〇〇三年に行った調査の結果をまとめた報告書です（図6）。「寂しいと感じる」（I feel lonely）という質問文に「あてはまる」と答えた人の比率は、諸外国の生徒に比べると、日本の生徒が断トツに多くなっています。

これらのデータは少し古いので、もう少し最近の調査結果も見てみましょう。図7は、二〇一三年に行われた『我が国と諸外国の若者の意識に関する調査』（内閣府）の結果です。この調査は、日本をはじめ六ヶ国に住む一三歳から二九歳の人に実施されています。図には、「一人ぼっちで寂しいと感じたこと」という質問に対し、「あった」「どちらかといえばあった」と答えた人の比率が示されています。

この図をみると、日本の若者のなかで、「一人ぼっちで寂しい」と感じている人は、韓国の若者に比べると少ないものの、相対的にはかなり多いことがわかります。アメリカやヨーロッパでは、同様の質問に「あった」「どちらかといえばあった」と答えた人の比率は、多くても四割未満にとどまっています。しかし、日本や韓国ではその数値が、

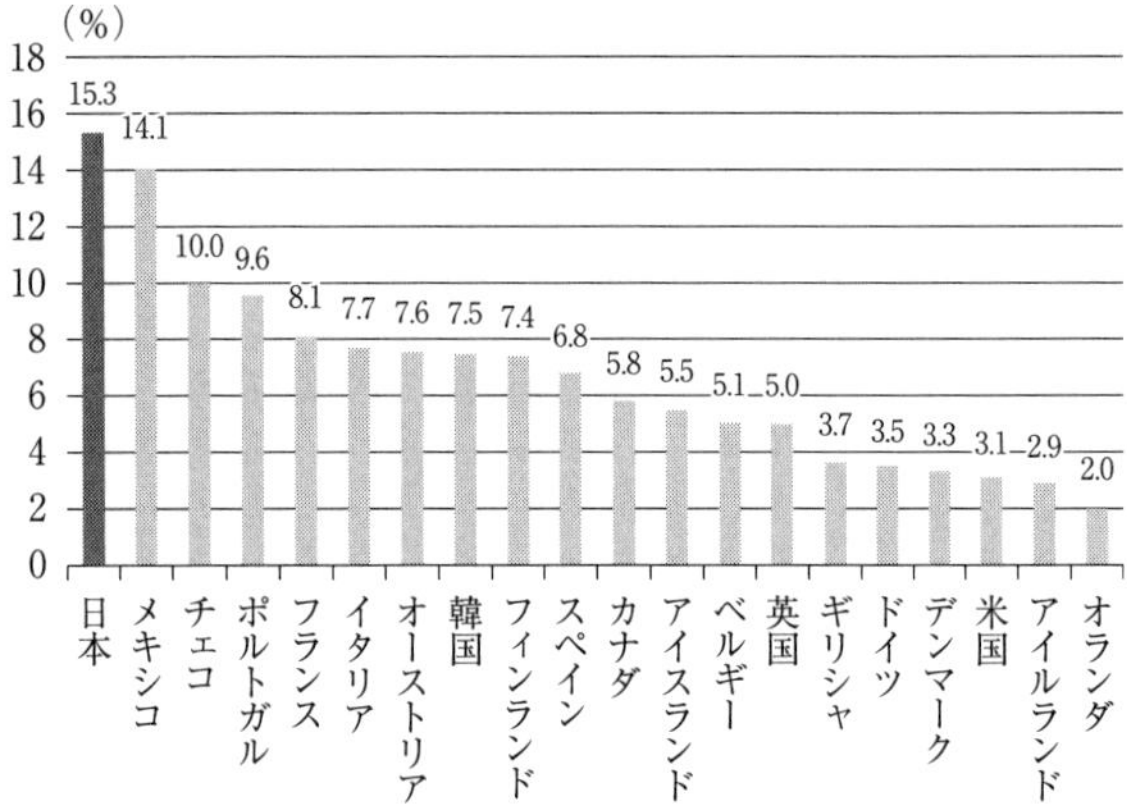

図５　つきあいのない人の国際比較（OECD 調査）

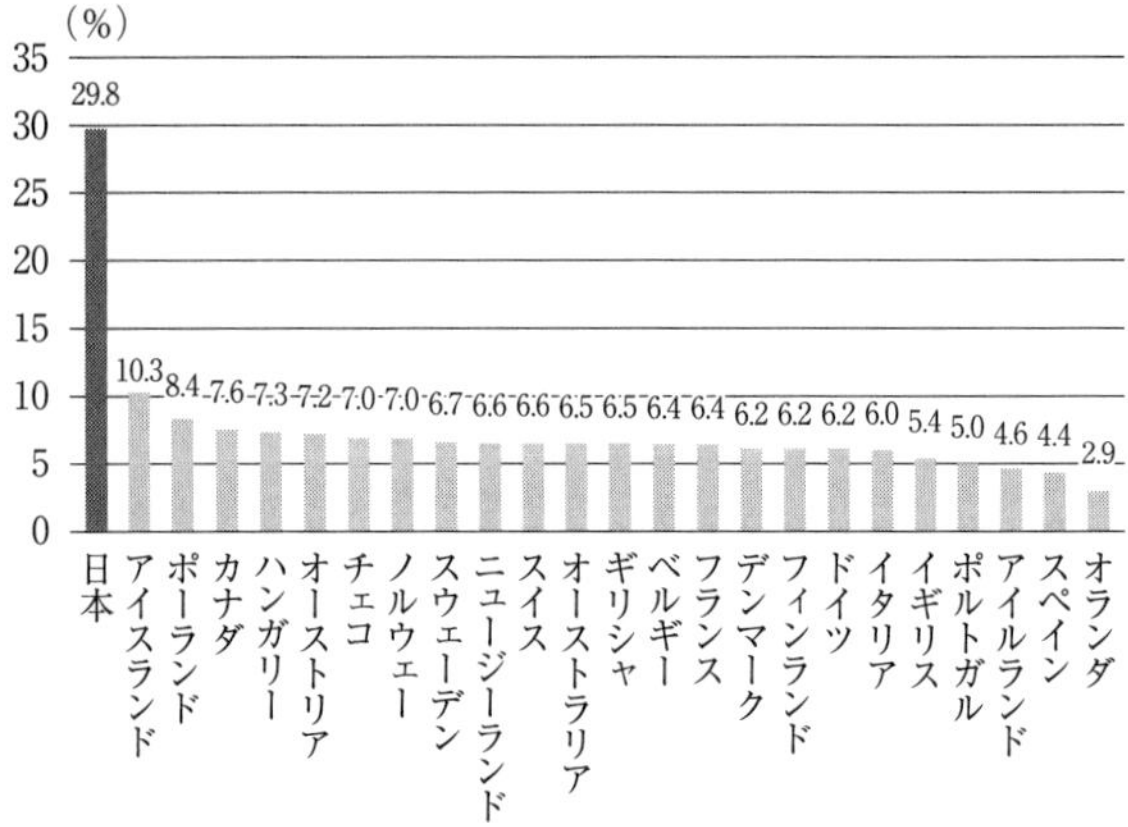

図６　「寂しいと感じる」生徒の国際比較（ユニセフ調査）

それぞれ五四・九％（日本）、六一・五％（韓国）にまで跳ね上がります。

二〇一八年に行われた同調査では、悩みや心配ごとを「相談しない」人の割合がいちばん多いのは、日本の若者という結果も出ています。日本の若者の一九・九％、つまり、五人に一人は、悩みや心配ごとを誰にも相談していません。いちばん少ないスウェーデンの六・九％と比べるとかなりの差があります。

こうした傾向は、高齢者にも同様に見られます。内閣府が日本、アメリカ、ドイツ、スウェーデンに住む六〇歳以上の人を対象に実施した『高齢者の生活と意識に関する国際比較調査』では、日本の高齢者の孤立傾向が見られます。

図8は、同調査で、同居家族以外に「頼れる人はいない」と答えた人の比率を示しています。やはり他の調査と同様に、日本に住む人の孤立傾向が目立ちます。「頼れる人はいない」と答えた人は、日本のみ一五％を超えています。

質問紙調査の国際比較は、回答が各国の文化的背景に強く影響されるため、結果の解釈には注意を要します。しかし、これだけの結果から孤立傾向や孤独感の強さが見出されると、日本人は孤立しやすく、孤独感が強いと言えるでしょう。

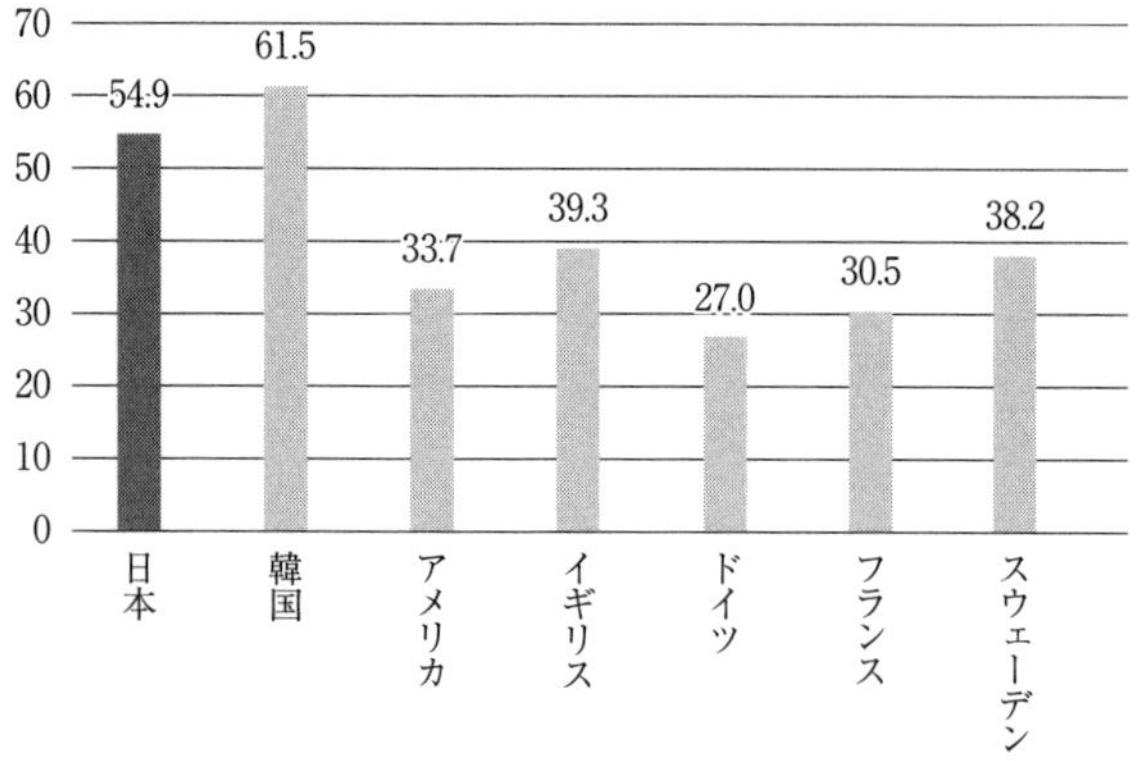

図７　寂しいと感じる若者の国際比較（『我が国と諸外国の若者の意識に関する調査』から）

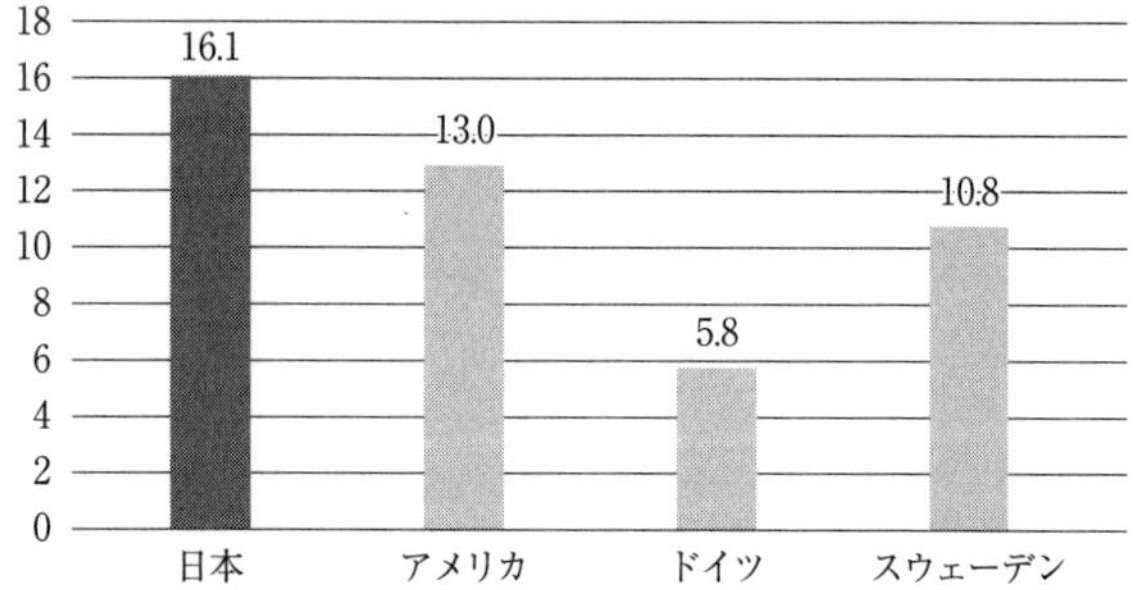

図８　家族以外に頼れる人がいない人の国際比較（『高齢者の生活と意識に関する国際比較調査』から）

5　生身の人から幻想の友人へ

ケンカをしてしまうと友情が修復できない

このように見てくると、私たちにとっての身近な関係は、ずいぶんとよそよそしく、寂しいものになってしまったように思います。優しく気を遣ってはいますが、お互いをさらけ出し、ぶつかり合うことはあまりありません。それぞれの主張を尊重しているように見えますが、お互いの領域に入り込まないよう境界を設けてもいます。結果として、孤立している人や孤独感を抱えている人は少なくありません。

私のゼミの学生から印象深い話を聞きました。私のゼミでは読書会を行い、特定のテーマで二時間近く議論をしています。そのときのテーマは友人でした。そこで、「今の学生さんは、なぜ友人とケンカをしないのか」と尋ねたところ、こう返ってきました。

「ケンカをしてしまうと、関係を修復する機会がなさそうで怖い」

この答えには驚きました。今の大学生は、ひとたびケンカをすると修復不可能になると感じるような、もろい関係性のなかを生きているのです。その場に居合わせた複数の学生が全員同意していたので、けっして珍しい考えではないのでしょう。これでは、「友人といるより一人が落ち着く」と答える人が多数を占めるのも無理はないと思ったものです。

「友情の物語」幻想

では、「人それぞれの社会」でため込んだもどかしい思いを、人びとはどのように処理しているのでしょうか。一つには、身近な人たちからは見えない場でのストレスの発散という方法があります。具体的には、インターネットを使った愚痴の発散、「自粛警察」に代表される「迷惑たたき」などがあげられます。これらは、第四章、第五章で詳しく扱っていきます。

もう一つは、メディアで提示される「友情の物語」の消費です。私は、一九八〇年代半ばから二〇一〇年代まで、友人のイメージがどのように変わったか、新聞記事をつうじて探ってきました。具体的には、朝日新聞、読売新聞のなかで「親友」という言葉が使われた記事を抽出し、そこでの「親友」という言葉の使われ方の変化を探ったのです。

すると興味深い傾向が見られました。

　新聞記事のなかでの、「親友」という言葉の使われ方は、二〇〇〇年代に入ると、明らかに変わっていきました。一九九〇年代に「親友」という言葉が使われた記事の主流を占めたのは、読者の投書欄でした。人びとは、生活のさまざまな場面で「親友」という言葉を使っています。

　しかし、二〇〇〇年代に入ると、「親友」という言葉を使った投書は減っていきます。代わって増えていったのが、高校球児の間で展開される、半ば演出化された熱い「友情の物語」やフィクションの登場人物が紡ぎ出す友人関係の記事でした。同様に、読者からの投書は、数こそ減ったものの、内容については、友人のよさや重要性を率直に綴《つづ》る記事が増えました。

　つまり、親友のよさや友情の素晴らしさを訴えかける記事が増えたのです。これらの記事では、人間性のなかから、批判、愚痴、ねたみ、利己性、あきらめ、放棄などの暗い部分を抽出・除去した、「無菌化された友情」の物語が展開されています。

　新聞は、世論を作り出すと同時に、世相を色濃く反映しています。この点を考慮すると、二〇〇〇年代以降の「友情の物語」を題材とした記事の増加は、人びとが「友情の物語」を望んでいる事実を表している、と言えます。

寂しさの解消

「人それぞれの社会」でつくられる人間関係は、気楽な一方で、不安定さもともないます。「人それぞれ」の優しさに包まれた気遣いの関係は、気遣いをしなければ崩れてしまうもろい関係でもあるのです。ケンカをしても「修復する機会がない」とおびえる学生の言葉は、今の友人関係のもろさを端的に表しています。そこには、お互いの気持ちをさらけ出しつつ、ときにはケンカもしながら関係性を強めていく姿はありません。

しがらみから脱し、「人それぞれ」に関係を結ぶ自由を手に入れた私たちは、自由になったからこそ、「人それぞれ」という優しさの呪文を唱え、お互いの間に薄い膜を張るようになりました。少し寂しい関係性のなかを生きる私たちは、メディアのなかの「友情の物語」を消費することで癒しを得ているのです。

第三章　「人それぞれ」では片付けられない問題

1　「それぞれ」にはならない「人それぞれ」

前の章では、「人それぞれの社会」には人を受け入れているようでいて、突き放す冷たさがあることを明らかにしました。しかし、「人それぞれの社会」が与える影響は、それだけにとどまりません。そこで、この章では「人それぞれ」と言いつつ「人それぞれ」にはならない現象を扱っていきましょう。具体的には、「人それぞれの社会」の矛盾や厳しさを取り上げます。まず、つぎのふたつの会話をみてください。

ある親子の会話

「あら、今日大学じゃなかったの?」
「ああ、今日はオンライン講義」

モモエは、浮かない顔で、小さい画面から目をそらした。

「どうかしたの？」

「別に。なんだかオンラインってつまらなくて。もっと大学行きたいんだけどね」

室内にはBGMのように、一九九〇年代に流行ったドラマの解説が流れている。

「なら、大学行けばいいじゃない」

のんきそうな母を横目に見つつ、ため息交じりにモモエは続ける。

「まあ、そうなんだけどさ。でも、友だちもみんなオンラインだから行ってもつまんないし」

「じゃ、友だち誘って行ったら？」

母はどこまでものんきだ。ドラマの解説は、もう終盤にさしかかっている。

「ジュンコはバイトの合間に授業受けるって言ってたし、マサコは今週、実家からだから。**それぞれいろいろあるし**、なんとも言えないよ」

「ふ～ん」

友だちの進路の話

シンジとタカオは大学の同期で演劇サークルに入っていた。顔を合わせるのは二年ぶりだ。

「おう、久しぶりだな、最近どうしてる？」

シンジがネクタイをほどきながら、甲高い声で話しかける。

「ま、ぼちぼちやってるよ、おまえは？」

「相変わらず、残業残業。ま、しょうがないよ、こんなご時世だし仕事があるだけでも」

タカオは二年前とあまり変わらない。こぎれいでどことなく融通の利かない雰囲気がある。しばらくしゃべった後、タカオがふと切り出した。

「じつはオレ、会社辞めてもう一度芝居やってみようと思うんだ」

「マジで？」

シンジの甲高い声がいっそう大きく店内に響いた。

「ああ、やっぱりこの道で一度勝負したくて。年齢的にもここらが最後のチャンスだし」

そう言うと、タカオはふうっと大きく息を吐《つ》いた。

「まあわかるけど、大変だぜ」

シンジはタカオのきっちり整えられた髪を横目に見つつ、少し声の調子を落とした。

「ああ、でもあるていど覚悟して決めたんだ。いろいろ受け入れる準備はできてるよ」

「そっか、頑張れよ。舞台あったら連絡してくれよ」


その一ヶ月後、シンジは、同じサークルのトオルと飲んでいた。

「そういえばタカオのこと知ってるか。あいつ、会社辞めて演劇やるんだってよ」

相変わらずの甲高い声で興奮気味に話す。

「へえ。すごいな。でも、あいつ結構いい会社行ってたよな」

「そうそう、××商事。オレだったら絶対辞めないけどな。よくあんな決断するよな。ワンチャン（一発狙い）とかやばいって」

シンジはタカオのこぎれいな格好を思い出していた。

「それで、少しは反対したのか？」

トオルは真剣さと笑いがない交ぜになった妙な声を出した。

「まあでも**人それぞれ**だからさ。あんまりオレから言えないって。おまえ言える？」

「難しいかなぁ」

＊

いかがだったでしょうか。「人それぞれの社会」には、「人それぞれ」と言いつつも「人それぞれ」にならないケースがたくさんあります。ここにあげたような会話をしたことのある人は、たくさんいるでしょう。

最初の事例は、「人それぞれ」だからこそ、思うとおりにならなくなってしまう、というもどかしさを表しています。一方、第二の事例は、「人それぞれ」と言いつつも、それぞれ選んだことには序列がつけられる厳しさを表しています。

この章では、「人それぞれの社会」がもつ、もどかしさと厳しさを扱っていきます。まずは、「人それぞれの社会」がもつもどかしさから見ていきましょう。

2 「多様な選択」の落とし穴

それぞれの選択を認める社会の受け皿

第一章で「一人」になる条件として、物の豊かさと、個人を重視する考え方をあげました。物的に豊かになり、一人になる環境条件が整い、さらにそれを尊重する考え方が拡《ひろ》がったことで、私たちは一人になる自由を手に入れました。「人と関わらない」という選択肢が用意されたおかげで私たちの社会は、人との関わりを「人それぞれ」に選べるようになったのです。

このように考えると、ある物事に対して「人それぞれ」の原理を適用するには、ふたつの条件が重要だと気づきます。その条件とは、多様な選択肢と多様な選択を許容する寛容さです。前者はおもに物的条件、後者は心的条件と言えるでしょう。

進路でも買い物でも、「人それぞれ」に決めるためには、あるていどの選択肢が必要です。何かを決めるさい、誰もがひとつのものしか選べないようでは、「人それぞれ」に何かを行うことは難しいでしょう。「人それぞれの社会」を実現するには、多様な選択肢が必須なのです。

しかし、多様な選択肢があったとしても、多様な選択を受け入れる心の広さがなければ、「人それぞれ」に物事を決定することはできません。

たとえば、就職活動を考えてみましょう。就職活動では、服装をルールとして定められているわけではありません。つまり、就職活動生は、ルールという点だけをみれば「人それぞれ」にいろいろな格好ができるのです。しかし、就活生はけっしてそうはしません。

なぜなら、就活生の自由な服装を、社会が認めていないからです。就活生の服装の多様さを認めるほど寛容ではない社会では、就職活動時の服装は、「人それぞれ」とはならないのです。「人それぞれ」に物事を行うには、多様な選択肢と、それぞれの選択を認める社会の受け皿が必要です。

自由な選択はよいことなのか

さて、それでは「人それぞれ」の条件である「自由に選択できる状況」はよいと思いますか。このような質問をすると、多くの人が「よいことだ」と答えるのではないでしょうか。何かができるようになるのは、よいことだし、行動を規制されるのは「個の尊重」の原理に反します。

みんなで紺のスーツを着て就活をするよりは、それぞれにいろいろな服を着たほうが個性を発揮できそうですし、天候への応用力も高いです。もし、紺のスーツを着たい人がいるならば、その人だけその格好をすればよいのです。

このように考えると、「人それぞれ」は、やはり非常に魅力的に見えます。「人それぞれ」にしておけば、みんな「それぞれ」に望ましいことをやるのだからいちばん良い、という見方です。おまけに、「人それぞれ」にしておけば、社会から理不尽な圧力をかけられることもありません。

しかし、現実はけっしてそううまいことばかりではありません。というのも、私たちは、一見「人それぞれ」に見えることからも、影響を受けているからです。

たとえば、環境問題について考えてみましょう。環境問題は、今や世界的な関心事です。個々人が行動を起こさなければ、世界的な気候変動は避けられないと言われています。ここで、「人それぞれ」の原理のもと、個々人が自由に行動をしたらどうでしょうか。混んだ電車を避け、車で移動するようになるかもしれません。しかし、みんなが車で移動すれば温室効果ガスがよけいに発生しますし、渋滞も生まれます。そうすると、環境問題はますます悪化するでしょう。

「社会的ジレンマ」の発生

人びとが自らの利益を優先して、自由に行動した結果、社会としての損失が大きくなる現象を「社会的ジレンマ」と言います。この現象について、武器をもつか、もたないかを「人それぞれ」にゆだねる社会を事例に、考えてみましょう。

このような社会では、当然ながら、武器をもつ人よりも、もたない人の立場が弱くなります。それゆえ、そこに住む人びとは、「武器をもつ」という選択をしやすくなります。しかし、全員がそのような選択をし、武器をもつようになると、社会の治安は悪化してしまいます。また、相手を上回ることを目指して、武器の開発も活発になるでしょう。このような事態は、それぞれの人にとって望ましいことではありません。こうした事態を避けるためには、社会として武器の所持を規制しなければなりません。「人それぞれ」の行動の集積は、社会にとって意外な結果をもたらすこともあります。だからこそ、「人それぞれ」を規制するルールが必要になるのです。しかし、ルール破りに対する反応はときに過激になります。「人それぞれの社会」で引き起こされる過剰な防衛反応については、第四章で扱います。

3 「人それぞれの社会」のもどかしさ

自分一人だけでは叶えられない望み

さて、「人それぞれ」の影響は、なにも、環境問題のような大きいものばかりではありません。もっと身近なところにもしばしば見られます。この章の冒頭で取り上げた事例を思い出してください。

モモエさんは、大学で授業を受けたいと思っています。しかし、友だちのジュンコさん、マサコさんは、オンラインで授業を受けているので、モモエさんも大学には行っていません。お母さんは、「友だち誘って行ったら?」と言っているのですが、モモエさんは「それぞれいろいろあるし」と諦めています。「人それぞれの社会」では、ありがちな対応でしょう。それではなぜ、このようなことがおきるのでしょうか。そこに、「人それぞれの社会」のもどかしさがあります。

「人それぞれの社会」には、それぞれの人が、自らの行為を選ぶ自由があります。選択の自由は、個人の希望を叶《かな》えるという意味ではとても魅力的に見えます。しかし、私たちの希望には、一人だけでは叶えられないものもたくさんあります。

たとえば、「子どもに後を継いでほしい」、「友だちも一緒に対面で授業を受けてほしい」という希望は、相手がその気持ちをくみ取ってくれなければ叶いません。一方、「人それぞれの社会」では、相手に自らの希望を押しつけることはなかなかできません。というのも、自らの希望の押しつけは、相手の意向を尊重していない行為にもなりうるからです。

「人それぞれ」に個人の希望を叶えられる社会は、相手が遠ざかるもどかしさを感じる社会でもあります。「一緒に大学で授業を受けたい」というモモエさんの望みは、オンライン形式の導入により叶いづらくなってしまいました。

対話と調整を要する時代

物的豊かさをもとに成り立つ「人それぞれの社会」では、物品の貸し借りの手続き、管理方法の決定といった調整の手間を省けます。しかし、その利点は、あくまで一人で何かをやるうえでのものです。「人それぞれの社会」で誰かと何かをやるときには、むしろ、以前よりも調整の手間がかかってしまいます。

さきほどのモモエさんの例を思い出してください。このとき、大学の授業のオンライン化が進んでいなければ、モモエさんの希望は比較的容易に叶えられたでしょう。しかし、ひとたびオンラインが導入され、授業の受け方が「人それぞれ」になると、一緒に授業を受けるには、友だち同士の調整が必要になります。

私たちの行動のさまざまな領域は「人それぞれ」になりました。こうした社会では、誰かと一緒に何かをする際には、それだけ、いろいろなことを調整しなければならないのです。

しかし、調整するのは大変ですし、相手から拒否される可能性もあります。そのため、調整するよりも、少しの我慢をしてやり過ごす、という人も少なくないでしょう。その結果、人びとは、「人それぞれ」に自由に選べるようになったけれど、対人関係では少しの我慢と寂しさを重ねるという矛盾を抱えます。「人それぞれの社会」には、このようなもどかしさがあるのです。

逃れられない他者の影響

「人それぞれの社会」には、相手の意向をいかんともしがたい、というもどかしさだけでなく、より大きな社会の影響をはねつけられない、という難点もあります。

皆さんは、スマホやケータイを使ったコミュニケーションが好きですか。この質問に対して、「好きではない」「正直なところ重荷」と答える人は少なくないでしょう。では、なぜ、こうした意見をもつ人もスマホを手放さないのでしょうか。

第一章で確認したように、二〇一八年には、七九・二%の人がスマートフォンをもち、四六・一%の人が携帯電話をもっています。今や、いずれかの機器をもっていない人を探す方が難しいでしょう。

「スマホ疲れ」「SNS疲れ」など、情報通信機器の悪しき影響を示した言葉を耳にする機会は多々あります。二〇二〇年一一月には、『スマホ脳』という書籍が出版され、スマートフォンの身体への悪影響が指摘されました。この本は、発売後、爆発的に売り上げを伸ばし、出版取次大手の日本出版販売とトーハンの二〇二一年上半期ベストセラーランキング「新書・ノンフィクション部門」で第一位になりました。

このような事情を考慮するにつけ、「人それぞれの社会」ならば、スマホをもたない選択をする人が増えてもよさそうなものだと思います。しかし、そこに「人それぞれの社会」の難しさがあります。

たしかに、スマホをもつ・もたないは「人それぞれ」で強制されるものではありません。しかし、ひとたび、多くの人が「スマホで連絡を取る」選択をした社会で、スマホを使わない生活は、そうそうできるものではありません。というのも、スマホの不所持は、コミュニケーションからの離脱を意味するからです。

第二章でも述べたように、私たちの人間関係・友人関係は不安定になりつつあります。このような状況で、コミュニケーションからの離脱をうながす選択をするのは、容易ではありません。結果として、人びとは積極的であれ、消極的であれ、スマホをもつしいう選択をするようになります。

私たちは「人それぞれの社会」を生きているといっても、他者の選択の影響をたえず受けています。多くの人がスマホでコミュニケーションをするなか、それを無視するのは、簡単なことではありません。「人それぞれ」と言いつつ、私たちは、他者の影響から逃れられないのです。

4 「人それぞれ」が広げる社会の格差

選択の結果や条件は必ずしも平等ではない

前の節では、個々人が自由な選択をすると、世の中に不都合なことが起こり、結果として、それが自身に跳ね返ることもある、という話に軽く触れました。社会的ジレンマのお話です。

しかし、自由な選択の負の帰結はそれだけにとどまりません。人びとが自らの行動を自由に選んだ結果、格差が広がってしまうこともあります。

たとえば、学校で行う授業の内容および時間を減らして、生徒の自由時間を増やしたとしましょう。その時間をどう使うかは、「人それぞれ」自由です。そうなりますと、親が高学歴の子どもと、そうでない子どもとの学力の差が広がることがあります。というのも、親が高学歴の子どもほど、自由時間を勉強に使う傾向があるからです。

二〇〇〇年代初頭から、学校で教える授業の内容や時間を削減する「ゆとり教育」が本格的に導入され始めました。まさにこの時期にあたる二〇〇〇年代初頭から半ばにかけて、偏差値が高い高校生と偏差値が低い高校生との間の学習時間の差が広がったことを示すデータもあります。

そもそも、自由が格差をもたらすという話は、あまり目新しいものではありません。「人それぞれ」に選んだ結果は、平等や公平な状況をもたらすとはかぎらないのです。「人それぞれの社会」には、そうした選択には関与せず、結果の責任を個々人に押しつける厳しさがあります。

私たちは、さまざまな出来事について「人それぞれ」と言いながらも、心のどこかで、世の中は「それぞれ」に平等なのではなく、序列があることを知っています。この章であげた第二の事例のシンジさんとトオルさんは、タカオさんの選択があまりよくないと感じています。しかし、そのような思いはタカオさんには伝えられません。「人それぞれ」に物事を選択できる社会は、「人それぞれ」に責任を負わされる社会でもあるのです。しかも、選択の結果や選択の条件は、必ずしも平等ではありません。これについて結婚を事例に検討してみましょう。

人びとの結婚願望はあまり変わっていない

「人それぞれの社会」では、人間関係から退くことも「人それぞれ」になります。そのため、結婚することは「大人になるための条件」ではなく、「本人の自由」になりました。図9は、NHK放送文化研究所の『日本人の意識調査』で、結婚への社会的な意識を尋ねた結果です。

図には、「人は結婚するのが当たり前だ」（するのが当然）、「必ずしも結婚する必要はない」（しなくてもよい）、「わからない・無回答」（DK・NA）の比率が示されています。

この図を見ると、一九九三年から二〇一八年にかけて、結婚をするのが当然と考える人が減り続け、結婚しなくてもよいと考える人が増え続けていることがわかります。一九九三年には、「しなくてもよい」は五一％、「するのが当然」は四五％と両者の差はわずかでした。しかし、二〇一八年になると、それぞれ、六八％と二七％になり、その差がかなり広がっています。ここから結婚を「するのが当然」とする規範は、この二五年のあいだにかなり揺らいできたことがわかります。

では、実際に結婚を望む人はどのくらいいるのでしょうか。こちらについては、国立社会保障・人口問題研究所の『出生動向基本調査』から、その実態を探ることができます。図10は、「自分の一生を通じて考えた場合、あなたの結婚に対するお考えは、次のうちどちらですか」という質問に対して、「いずれ結婚するつもり」と答えた独身の人の推移を表しています。

この結果を見ると、人びとの結婚願望はそれほど変化しておらず、かつ、相変わらず高いということがわかります。一九八二年には、男性九五・九％、女性九四・二％だった結婚願望は、やや下がっているものの、二〇一五年でも、男性で八五・七％、女性で八九・三％あります。『日本人の意識調査』の調査時期とほぼ同じ、一九九二年と二〇

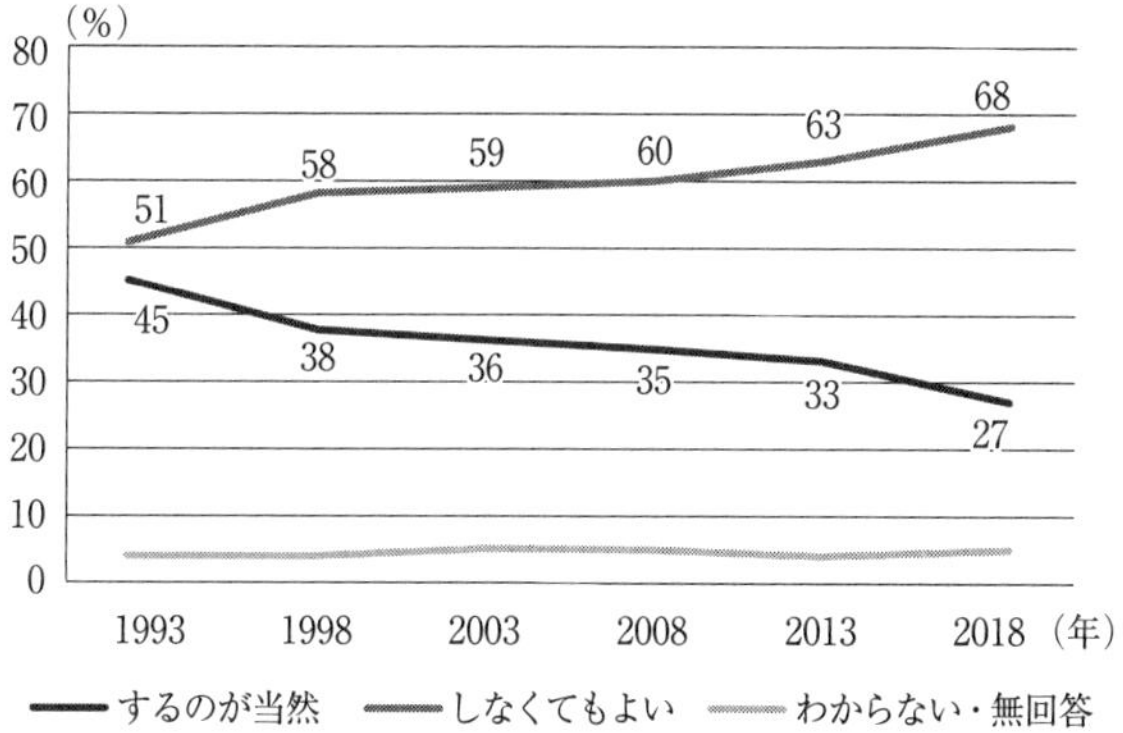

図９　人は結婚をするべきか（『日本人の意識調査』から）

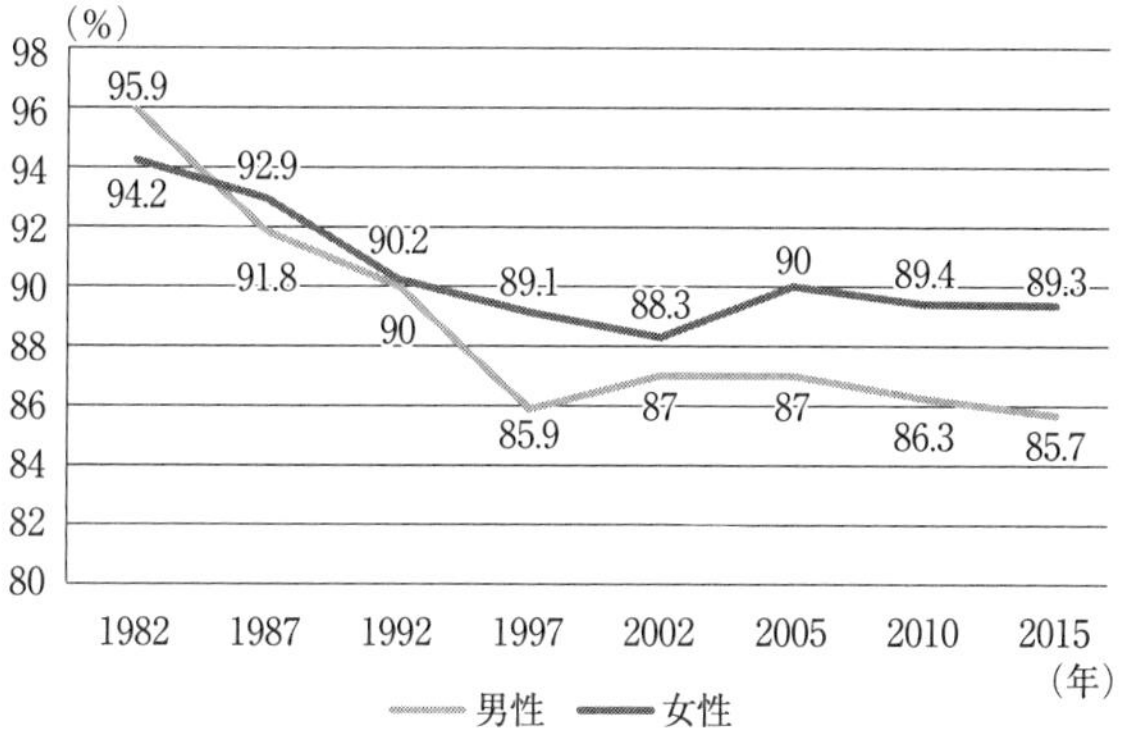

図10　結婚を希望する人びと（『出生動向基本調査』から）

一五年で比べると、女性はわずか〇・九ポイント、男性は四・三ポイントの落ち込みしかありません。

ふたつの調査結果をまとめると、多くの人は、他人の結婚は「人それぞれ」と考えている一方で、自身は「結婚するつもり」だと考えていることがわかります。

生涯未婚率に見る「人それぞれ」の結末

では、実際に結婚しない人はどのくらいいるのでしょうか。結婚する・しないについては、長らく五〇歳時点での未婚率をもとに検討されてきました。五〇歳時未婚率は、二〇一〇年代後半まで「生涯未婚率」と呼ばれ、日本社会の未婚の度合いを表す指標と考えられてきました。その背後には、五〇歳までに一度も結婚をしたことのない人は、その後も結婚しないだろうというやや失礼な想定があったのです。その是非はひとまずおいておき、五〇歳時未婚率の推移を確認してみましょう。

図11は、一九五〇年から二〇一五年までの五〇歳時未婚率の推移です。これを見ると、五〇歳時未婚率は、男女ともに、一九八五年までは、五%を下回ることがわかります。

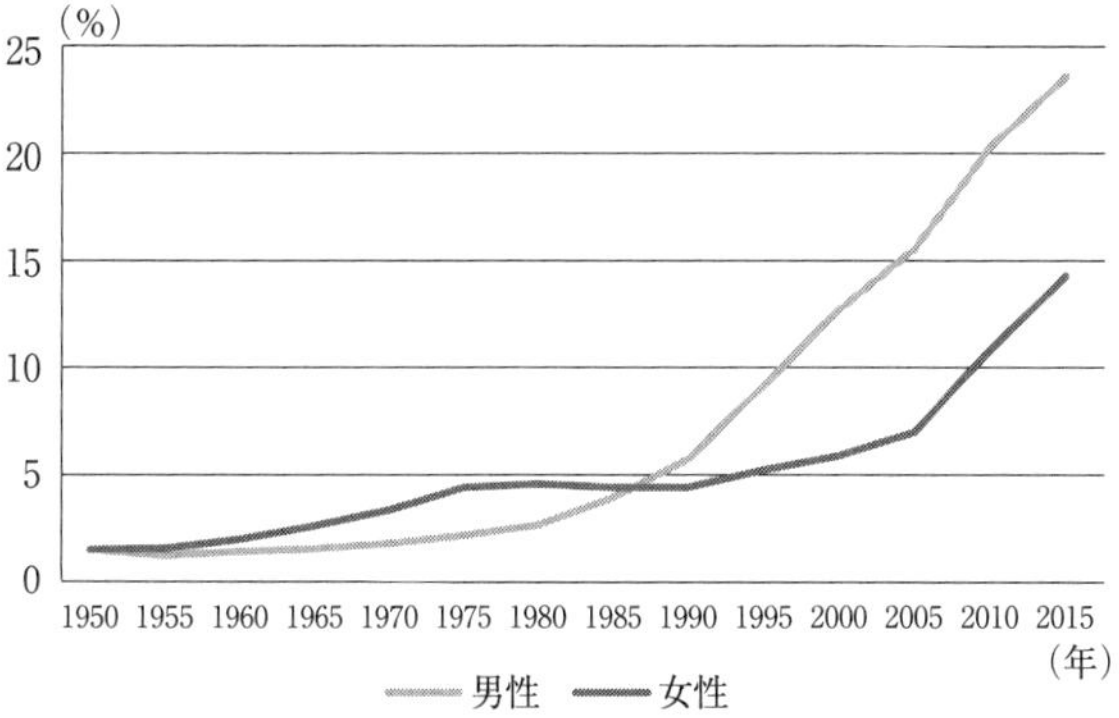

図11　男女別50歳時未婚率の推移（『国勢調査』から）

つまり、一九八〇年代半ばまでは、日本は皆婚社会に近い状態を実現していたわけです。しかし、男性については、その一九八五年を境に、未婚率は急速に上昇し、二〇一五年には、二三・四％に達します。女性はやや遅れて、二〇〇五年から急速に伸び、二〇一五年に一四・一％になります。今や日本は皆婚社会とは言えません。

いろいろな数値を見てきましたので、これまでの結果をまとめましょう。一九九〇年代から二〇一〇年代にかけて、結婚を「するのが当然」とみなす意識は急速に縮小しました。結婚はしたい人がする「人それぞれ」のものとなったのです。しかし、個々人の意識に注目しますと、人びとは相変わらず「結婚するつもり」だと考えています。

とはいえ、そのような願望はなかなか叶わず、日本社会には、五〇歳になっても結婚をしたことのない人が着実に増えています。

では、結婚できる人とできない人の差はどこにあるのでしょうか。これについては、経済力や容姿（体型など）といった実に「定番」とでも言いうるような結果が出ています。結婚を「人それぞれ」と見なす一方で、多くの人が結婚を望む社会は、経済力や容姿に恵まれない人を、婚姻というつながりから振るい落としているのです。

5　不平等を見過ごす冷たい社会

孤独・孤立を問題視するのは「余計なお世話」？

誰かとつき合うのもつき合わないのも自由な「人それぞれ」の社会では、つながりから外れていく人や、誰かとつながっていても寂しさを感じる人が一定数います。第二章では、日本社会には孤立する人や孤独感を感じる人が多いという事実をみてきました。さらに、日本社会では、孤独・孤立対策担当大臣が任命されたように、孤立や孤独を問題視してもいました。

このような話をすると、「誰かと付き合う・付き合わないは『人それぞれ』なのだから、政府のやっていることは余計なお世話だ」という反応や、「孤独・孤立にも良い面があるのだから、それらを過剰に問題視するのはよくない」という反応がかえってきます。上野千鶴子《うえのちづこ》さんは、ベストセラーになった著書『おひとりさまの老後』で、ひとり暮らしをしている人に「おさみしいでしょう」という言葉をかけるのは「大きなお世話」とはっきり言っています。

華麗な業績をあげた人が執筆する孤独・孤立推奨言説

たしかに、自ら準備して一人暮らしを満喫している人に、「おさみしいでしょう」と声をかけるのは「大きなお世話」以外のなにものでもありません。それこそ「人それぞれ」の流儀に反します。

また、一人になる自由を手にしたことで、私たちが得たものも少なくありません。私たちは、集団から離れて一人になることで、自らのことを見つめ直したり、一人静かに本を読むことで、さまざまな気づきを得たりしました。一人になる自由がなければ、ここまでの科学的進歩はなかったかもしれません。

しかし、そこには注意すべき点があります。それは、上野さんの話も、孤独や孤立を推奨する人の話も、社会との接点を確保したうえで、一人の生活も楽しんでいる人を想定している、ということです。

上野さんが「おさみしいでしょう」と声をかけるのを「大きなお世話」としている人は、あくまで、自ら準備しつつ選択して「一人暮らし」になった人を想定しています。しかも、こうした人は「一人」なのかというとそうではありません。上野さんは、自著のなかで、「ひとりでいることだけでなく、ほかの人とつながることにおいても達人だ」(『おひとりさまの老後』一〇三ページ)と言っています。

孤独・孤立を推奨する言説を発信する方は、そもそも、仕事の自由度が高く、また、業績という点で卓越したものを達成している点で共通しています。名前をあげると、五《いつ》木《き》寛之《ひろゆき》さん(作家)、弘兼憲史《ひろかねけんし》さん(漫画家)、伊集院静《いじゅういんしずか》さん(作家)、下重暁子《しもじゅうあきこ》さん(キャスター)など、人もうらやむような業績を達成した人ばかりです。上野さんも東京大学の名誉教授です。

このような人びとが語る孤立・孤独は、誰も頼りにするひとがおらず、社会にぽつねんと放り込まれた状態の孤立や、誰もが自らに目を向けてくれないと思うことにより生じる孤独感とは違います。上野さんも最近はその点を意識しているようで、二〇二一年に出版された書籍では、「ほんとうに問題なのは、（略）生きているあいだの孤立」（『在宅ひとり死のススメ』一〇一ページ）と指摘しています。では、いったい、何が問題なのでしょうか。

「コスパ」化する人間関係

誰かと付き合うのも自由、付き合わないのも自由で「人それぞれ」といっても、多くの人はつながりを望んでいます。裏返すと、孤独・孤立を望んでいる人はあまりいないのです。認知科学の研究では、仲間はずれの痛みは、身体的な痛みと同じ反応を脳に引き起こす可能性があると言われています。

その一方で、つながりから退くことを「人それぞれ」として受け入れられる社会では、あらかじめ、つながることを保障された関係性はわずかです。孤立が嫌な人は、つながりを自己調達しなければなりません。

しかし、誰もが意中の相手をつなぎ止められるわけではありません。意中の相手をつなぎ止めることができるのは、つなぎ止めるに足るだけの魅力や資源を備えた人にかぎられているのです。この仕組みを簡単に説明しましょう。

人間関係を「人それぞれ」に選べる社会とは、同じように「人それぞれ」の選択肢をもつ相手から、自らを選んでもらわなければならない社会とも言えます。このような社会では、相手の気持ちを満たすことのできる資源に恵まれた人ほど、豊富な関係を手にするようになります。逆に言えば、相手を満足させる資源をもたない人は、あまり目を向けられないということです。

最近の大学生のなかには、自らの友人関係を「コスパで選ぶ」と堂々と話す人もいます。つまり、コストに見合ったパフォーマンスを発揮できる人とのみ付き合うということです。とても合理的な考え方です。

「自らにとってよい要素をもつ人を選択する」という原理を徹底させれば、「コスパ」という言葉に行き着くのもうなずけます。しかし、人間関係のコスパ化が進んだ社会では、自らもコストと見なされてしまうリスクを絶えず背負うこと、誰かがコストとして切り離されていることを忘れてほしくないものです。

「人それぞれの社会」の厳しさ

私は、東京近郊に住む人を対象に、二〇一六年に実施された『首都圏住民の仕事・生活と地域社会に関する調査』（代表：早稲田大学 橋本健二）のデータを使って、孤立しやすい人の特性を探ったことがあります。具体的には、「日ごろ親しくし、または頼りにしている家族・親族」「友人・知人」が0人の人を孤立者と定義し、どのような属性で孤立との関連が深いのか分析しました。

すると、経済力のない人、学歴の低い人、結婚していない人、健康ではない人といった、いわゆる、世間的に「よい」要素をもたない人が孤立しやすいことがわかりました。その他の調査研究でも、だいたい同じような結果が得られています。先ほどの結婚のデータと合わせて考えると、社会的に厳しい立場にいる人が、つながりから外れている（外されている）と言えそうです。

その一方で、孤立することすらも「人それぞれ」として受け入れる社会で、実際に孤立している人に注がれる視線は、優しいものではありません。というのも、孤立することも、結婚しないことも、「人それぞれ」の選択の結果ゆえ気にかける必要はない、と見なされてしまうからです。あるいは、孤立している人や結婚できない人は、相手の支払うコストに見合うほどのパフォーマンスを発揮できない人とみなされる可能性もあります。さきほどのコスパの原理の話です。

「人それぞれの社会」は、「人それぞれ」に選択した結果として生じる格差には、あまり目を向けません。むしろ、引き起こされた結果の責任を、当事者の選択に帰することで、格差を正当化する性質があります。

しかしながら、現在起きている現象を、「人それぞれ」に選んだ結果だ、と見なす考え方には、そうとうの無理があります。生まれた家によって、それぞれの人が到達する学歴や職業的な地位が違うことは、学歴や職業の達成を射程にした研究（社会階層研究などと言われています）の成果からも明らかです。

そもそも、人びとがそれぞれの局面で本当に選択をしているのかどうかすら疑わしいですし、選択そのものも環境にそうとう左右されます。私の学生の話ばかりで恐縮ですが、地方から出てきた学生さんは「中学受験という選択肢はなかった」とよく話しています。そのように考えると、「人それぞれ」に平等に選べる状況は、かなり限られていると言えるでしょう。

私たちは、「人それぞれ」と言いながらも、心のどこかで「望ましい結果」は共有しています。また、社会は序列に溢《あふ》れており、人びとの決定にはさまざまな要素が影響しています。このような社会で「人それぞれ」に選んだ結果は、けっして、平等にはなりません。にもかかわらず、私たちは、さまざまな決定に対して、「人それぞれ」に選んだものとして処理し、あまり関与しようとしません。一見、寛容な「人それぞれの社会」は、結果としての不平等を見過ごす冷たい社会でもあるのです。

第四章　萎縮を生み出す「人それぞれ」

1　ハラスメントと炎上騒動

　ここまで、「人それぞれの社会」について、比較的、身近な人びととの会話を中心に扱ってきました。この章では、もう少し距離の開いた人びととの関係にも目を向けていきます。とりあげるテーマは「萎縮」です。

「人それぞれ」と言いますと、他人を気にせずのびのびできるイメージがあります。一方、萎縮というのはその反対で、他人の目を気にして縮こまっている感じがします。なぜ、「人それぞれの社会」で、人びとは萎縮してしまうのでしょうか。まずは、あるふたつの場面からみていきましょう。

何を言えばよいかわからない

最近、ヨシロウは家で晩酌をするようになった。数年前までは、退社後、当たり前のように新橋の横町に繰り出していた。いったい、何があったのだろうか。

「なあ、セイコ、オレは最近わからなくなってきたよ」

焼酎「五りん」を注ぎながら、何かを思い出すかのようにセイコに語りかける。

「どうしたの？」

「ああ、うん。この間、女子社員が髪を切ったから、それを褒めてさ。そしたら無言でにらまれちゃって」

ヨシロウはゆっくり焼酎を口に運ぶ。

「今は、見た目のことを話すとハラスメントとか言われるからね」

「そうなんだよ。この前も部下を飲みに連れて行こうと思ったんだけど、なんかまた言われるかなぁと思って」

少しお酒が回って気持ちがよくなったのか、ヨシロウはまくし立てるように話し続ける。

「だいたい、女子社員だって、ツネカズにおんなじこと言われたときは普通に話すのに、オレの時だけ。**それぞれ**いろいろと感じ方もあるのかもしれないけど、なんかもうわからなくて」

「あまり関わらない方がいいいんじゃないの」

迷惑な行為は許さない

＊以下の事例は、お店等での飲酒が認められているときを想定しています。

新型コロナウィルス感染症の流行とともに、世の中には自粛ムードが漂っている。しかし、バッハ（ハンドルネーム）には、ウィルス騒動など、どこ吹く風だ。今日も、飲み会の約束がある。

「いよ～っし！　じゃかんぱ～いっと、はいちょっとじっとしてて」

バッハは乾杯の動画を撮り、さっそくSNSにあげる。

「おいおい、こんなご時世に、そんな動画あげて大丈夫か？」

コーツ（ハンドルネーム）は周りの反応が少し気になるようだ。

「平気平気、おまえらの顔は隠しておいたし、別に禁止されてるわけじゃないんだから、**人それぞれ**じゃね？」

インフルエンサーとして名をはせたバッハにとっては、自粛よりも、動画をもとにした収入のほうがはるかに大事なのだ。

「それよりも、この『愛推し』（カクテル名）飲んでみな。色はすごいけど、味はなかなかだぞ。動画でも映えるし」

「本当だ。五色もある。でもうまいな」

コーツもコロナのことは忘れて「愛推し」に夢中だ。

数日後、コーツがあわてた様相で連絡をしてきた。何かあったようだ。

「お前、ネット見たか？　すげぇことになってるぞ。マジ、やばいって」

言われるまま、ネットを見ると、サイトには飲み会動画を批判する言葉が並んでいる。

「こんな時期に飲み会をするヤカラは罰せられるべし」

「われらが社会的に制裁を加えよう」

「こういったアホが世の中に迷惑をかける」

自宅の写真までさらされてしまったバッハは、騒動の後、すっかりおとなしくなってしまった。

＊

私たちは「人それぞれの社会」を生きているといっても、「人それぞれ」に何をやってもよいわけではありません。第三章では、社会的ジレンマについて簡単にふれました。そのさい、社会的ジレンマを防ぐには、個々人の行動を引き締めるルールが必要になると話しました。しかし、「人それぞれの社会」のルールは、ときに「正義の刃《やいば》」となり、ルールを破った人を激しく切りつけます。

それゆえ、人びとは「人それぞれの社会」に生きているにもかかわらず、どことなく萎縮した心持ちになる、という矛盾した状況に追いやられます。冒頭のふたつの事例は、「人それぞれの社会」での萎縮を象徴的に表したものです。

第一の事例は、「相手を否定しないこと」に気を遣うあまり、何を話してよいかわからず萎縮してしまう、というお話です。昨今、ハラスメントという言葉をしばしば耳にするようになりました。実際に、ヨシロウさんのような経験をした人は多いのではないでしょうか。このような現象は、「人それぞれ」の立場を尊重したゆえに生じる萎縮と言えます。

一方、第二の事例は、「人それぞれ」と思って行動した主人公が、一線を越えてしまったために窮地に陥る話です。辛《つら》い経験をしたバッハさんは、その後、すっかり萎縮してしまいました。このようなケースは、「人それぞれ」が許されないゆえに生じる萎縮と言えるでしょう。

この章では、「人それぞれの社会」で生じる萎縮に焦点を当てます。まず、「人それぞれ」の立場を尊重したゆえに生じる萎縮について考えてみましょう。

2 「他者に危害を加えない」という理念

「人それぞれ」にはならないこと

「人それぞれの社会」の基本的な考え方は、「個人を尊重する」ことです。そこで、「個人を尊重する」ことについて、もう少し考えてみましょう。

個人の自由や、それぞれの人の決定を尊重する考え方を、政治哲学的には「リベラリズム」（自由主義）と言います。「人それぞれの社会」は、個々人が何をやるか、どういったことを価値基準とするかについては、「人それぞれ」と容認し、あまり干渉しません。したがって、「人それぞれの社会」は、リベラリズムという考え方を背景にしていると言ってよいでしょう。

しかし、いくら自由とはいえ、すべての行為が認められているわけではありません。たとえば、人に暴力を振るう、人のものを奪う、という行為を考えてみてください。このような行為は、「他者に危害をおよぼすもの」として、自由な社会でも認められていません。つまり、私たちの手にしている自由は、「他者に危害を加えない」という限定のついた自由なのです。

では、「他者への危害」とはいったい何なのでしょうか。先にあげた暴力や略奪は、相手の身体や財産を損なう行為であり、直感的にも理解しやすいでしょう。しかし、

「他者への危害」は、それだけにとどまりません。たとえば、精神的なダメージはどうでしょうか。言葉による激しい侮辱は、言われた側に相当のダメージを残すと考えられます。

「個人の尊重」の機運が高まるにつれて、世の中では、物理的あるいは経済的危害だけでなく、個々人の主義や信条を損なう行為や、心理的にダメージを与える行為も、「危害」としてタブー視されるようになりました。

このような考え方を背景に、多くの人に広まっていったのが、「ハラスメントをしない」、「多様性を尊重する」という発想です。

ハラスメントとダイバーシティ

ハラスメント――直訳すると「嫌がらせ」や「いじめ」です。本書の文脈でいうと、相手を傷つけたり、不快にさせたり、尊厳を損なったりする一連の行為を指します。

日本社会で「セクシャル・ハラスメント」という言葉が使われ始めたのは、一九八〇年代とそれほど昔ではありません。「パワー・ハラスメント」という言葉が使われるようになったのは、二〇〇〇年代と、ごく最近です。二〇二〇年六月には、女性活躍推進法や労働施策総合推進法が改正され、セクシャル・ハラスメントやパワー・ハラスメントの防止、対策の強化が図られました。

急速に法整備が進んだことからもわかるように、今や、ハラスメントの概念は世に溢《あふ》れています。ここであげたセクシャル・ハラスメントやパワー・ハラスメントだけでなく、モラハラ、マタハラ、パタハラ、カラハラ（カラオケ・ハラスメントらしいです）など、〜〜ハラとつく言葉はたくさんあります。最近では、なんでも「ハラスメント」と責め立てる人に対して、「ハラスメント・ハラスメントだ」などと対抗している人もいます。

もう一方の多様性は、横文字の「ダイバーシティ」という言葉で耳にした方も多いのではないでしょうか。この言葉は、簡単にいうと、一人ひとりの違いを認識し、認め合う社会を築こうという意味合いで使われています。国際連合の提唱するSDGｓ（持続可能な開発目標）を実現するひとつの軸としても、「多様性」が提案されています。

この多様性の概念には、他者の主義や信条、志向を損なわず尊重するという意味が含まれています。そのため、ハラスメントの防止と非常に近い方向にあると言えます。多様性を尊重する社会とは、ハラスメントのない社会とも言い換えられます。

ハラスメントや多様性といった概念が広まることで、いわゆるマイノリティに位置づけられてきた人びとへの理解が深まりました。これにより、今まで、抑圧に対して我慢以外の選択肢を持ち得なかった人たちも、自らの意見を表明できるようになりました。また、属性をもとにした差別は、表面的にはかなり解消されました。それ自体は非常に喜ばしいことです。

3　リスク化する言葉と表現

ハラスメントの境界線

しかし、その一方で、難しい問題もあります。境界線の問題です。この点について、ハラスメントを事例に検討してみましょう。

さきほど、ハラスメントとは、「相手を傷つけたり、不快にさせたり、尊厳を損なったりする一連の行為」と簡単に定義しました。では、「相手を傷つけたり、不快にさせたり、尊厳を損なったりする一連の行為」は、どのようにして「相手を傷つけたり、不快にさせたり、尊厳を損なったりする一連の行為」として成り立つのでしょうか。

　究極的には、行為の受け手の気持ちに規定されるといっていいでしょう。相手が「不快」だと感じるから「ハラスメント」になるということです。

　しかし、相手の気持ちに規定される概念は、著しく不安定です。だからこそハラスメントには、「同じことを言ったけど受け止める相手によってはハラスメントになる」、あるいは、「同じことを言っているけど発する人によってはハラスメントになる」という難しい問題が発生します。本章冒頭のヨシロウさんが抱く悩みの根源もここにあります。

　近年、「マイクロアグレッション」という概念に注目が集まっています。みなさんはご存じでしょうか。

　マイクロアグレッションとは、簡単に言うと、「特定の個人を、その人が属する集団や、保持する属性を理由に貶《おとし》める無意識のメッセージ」です。ハラスメントに似ているこの定義で注目すべきは、「無意識のメッセージ」という箇所です。

　そもそものメッセージが無意識に発信されたものであれば、発信者は、そのメッセージが相手を貶めるものと気づいていない可能性があります。そのため、マイクロアグレッションの解釈をめぐっては、発信者と受信者の間でずれが生じ、問題が複雑になることも少なくありません。

マイクロアグレッションの議論に照らすと、「私は、最も能力のある人がこの職に採用されるべきだと信じている」という表現も、状況によっては「相手を貶めるもの」と判断されてしまいます。たとえば、男性から女性に、右にあげたメッセージが発信されると、マイノリティグループを貶める作用をもつこともあるそうです。

しかし、「状況によって」という条件をつければ、かなり多くの表現を「相手を貶める可能性のあるもの」とみなすこともできるでしょう。そうなると、事態はますます混《こん》沌《とん》としてきます。ヨシロウさんの悩みは、しばらく解消されそうもありません。

言葉のリスクの高まり

もちろん、会社などの組織がある行為を「ハラスメント」と認定するにあたっては、かなり厳密な手続きをとります。誰かが「ハラスメント」と叫んだからと言って、たちどころに「ハラスメント」と認定され、処罰を受けることは、まずないでしょう。

しかし、重要なのはそこではありません。ハラスメントの日常化によって、私たちが日ごろ使う言葉がもつリスクは著しく高められてしまいました。この点こそが重要なのです。

言葉にはもともと、発された瞬間、それを聞いた相手を傷つける可能性をもつ、というリスクがあります。何気なく言った言葉で、相手を傷つけてしまった、という経験をもつ人は少なくないでしょう。ハラスメントの日常化により、ひと言がもつ重みは確実に増しました。極端な場合には、あるひと言が、その人の社会的地位を奪ってしまうことさえあります。

なるほど、組織による「ハラスメント」の認定は厳正かもしれません。しかし、たとえそうだとしても、「ハラスメント」の加害者として告発されるのは気分のよいことではないでしょう。かりに、組織からは「問題なし」と判断されたとしても、その過程には大きなストレスを伴います。また、告発されることによって、なんらかのレッテルを貼《は》られる可能性もあります。

このような状況では、他者に極力立ち入らない、というのが最も楽な戦略になります。

事例のセイコさんのアドバイスも「あまり関わらない方がいいんじゃないの」でした。面倒なことに巻き込まれないためには、「人それぞれ」と無関心を装うのがいちばん無難なのです。「人それぞれ」に個を尊重したことで、「人それぞれ」と無関心を装うことになるというのは、なんとも皮肉な結果です。

表現することの難しさ

同じことは、多様性の尊重という文脈でも生じています。多様性を尊重するという流れとともに、ある属性に特定のイメージを付与することはとても難しくなりました。というのも、植え付けたイメージが、特定の属性を貶める可能性があるからです。しかしながら、ある表現が特定の属性の人を貶めているのかどうか判断するのは、そう簡単ではありません。というのも、こういったものも、受け止める人によってその判断が大きく異なるからです。

その結果、よかれと思って制作した広告が炎上してしまうことや、ふとした発言が大きな非難を呼ぶことは少なくありません。「多様性を尊重していない」と判断されたことにより、立場を追われた人、撤回に追い込まれたものはたくさんあります。

また、ある表現に対しての解釈が分かれ、非難合戦になることもあります。チェーンのコンビニエンスストアであるファミリーマートは、プライベートブランドの総菜類に「お母さん食堂」という名前をつけて売り出していました（二〇二一年一〇月にリニューアル）。この商品名に対して、「お母さん＝料理や家事」というイメージを固定化するものとして、反対の署名が集められました。この署名に対しては、賛成するもの、やり過ぎだと反対するもので激しい非難合戦が繰り広げられました。

今や表現の世界でもリスク化は進んでいます。そこでうまく対処しなければ、せっかく苦労して準備したものや、これまで積み上げてきたものが台無しになってしまう可能性があります。リスクを回避するためには、なるべく穏当な表現が求められているのです。

4　リスク化に対処するふたつの方策

さて、ここまででいったん「人それぞれ」の立場を尊重したゆえに生じる萎縮と、その対応についてまとめておきましょう。

自らの発する言葉が相手を傷つけ、巡りめぐって自らの立場を危うくする可能性のある社会では、基本的にはリスクを回避する表現が好まれます。誰しも自らの身を危険にさらしたくないからです。しかし、相手もしくは大衆がどういった発言を喜び、どういった発言に傷つくのかはなかなかわかりません。自分は褒めるつもりだったけれど、異なった解釈をされてしまった、ということはよくあります。

このようなときには、ふたつの方策がとられやすくなります。「緩やかな撤退」と「結託」です。

緩やかな撤退

言葉や表現がリスク化した社会で自らの身を守るには、危険に近づかないのがいちばんです。そうなりますと、対人関係であれば、なるべく突っ込んだ発言をせず、「人それぞれ」としてその場をやり過ごす方策が選択されやすくなります。表現文化の世界であれば、穏当な表現が優先されるようになります。

しかし、このような状況は決して望ましいものではありません。というのも、相手に関わろうとしないことが、もっともよい選択になってしまうからです。

本来、「個を尊重する社会」では、お互いがみずからの意見を率直に表明し、活発な議論が行われるはずでした。しかし、他者を傷つけ、自らが傷つくことにおびえる「人それぞれの社会」では、活発な議論は望めません。人びとは互いに関心があるようにみせつつ、つながりから緩やかに退き、自らを守っているのです。

そうなりますと、結果として、尊重されるはずの個人は、触ってはいけない腫れ物のようになってしまいます。良きにつけ、悪しきにつけ関心をもつ人よりも、無関心な人の方が報われる社会というのは、どこかおかしい気がします。

結託という解放

さて、表現がリスク化した社会で自らの身を守るには、危険に近づかないのがいちばんよいといっても、そうできない人もいます。どうしてもある主張に納得できない、あるいは、どうしてもある出来事にもの申したい、という人もいるでしょう。こういった人びとはどうすればよいのでしょうか。

いちばん簡単なのは、同じ意見をもつ人どうしで集まることです。本来的な意味とは少し違いますが、ここではそれを「結託」としておきましょう。結託をすれば、お互いに気兼ねなく、意見を言うことができます。話をした人から告発されるリスクも、かなり減らせます。

しかし、同じような意見の人どうしでまとまると、他の意見をもつ人と対立することもあります。「お母さん食堂」という商品をめぐっての対立は、その典型です。「結託」には否定的な意見を排除したり、社会の分断を加速させる側面があるのです。これについては、第五章で詳しく扱っていきましょう。

5 「迷惑」という監視と裁き

ここまでは、「人それぞれ」の立場を尊重したゆえに生じる萎縮についてみてきました。ここからは、冒頭の第二の事例で取り上げた「人それぞれ」が許されないゆえに生じる萎縮を考えていきます。

迷惑をかけてはいけない

この章の第二節でも指摘したように、他者に危害を加える行為は、「人それぞれの社会」であっても許されません。この点については、ていどの違いはあれども、どの社会でもほぼ共通しています。むしろ、ヨーロッパやアメリカのほうが、ハラスメントや人権問題には敏感でしょう。

「人それぞれの社会」で特徴的なのは、「人それぞれ」の行為を「社会への迷惑」というセンサーで監視するシステムを作り上げたことです。

第一章でお話ししたように、かつて、私たちの生活は、身近な人と共同・協力することで成り立ってきました。生活をしていくためには、血縁や地縁と協力することが、何よりも重要でした。

その後、経済的な豊かさを獲得し、一定の資産がない人を救う社会保障制度が整えられると、身近な人と共同する機会は格段に少なくなります。私たちの生活は、身近な人間関係のなかにではなく、お金を使うことで得られる商品・サービスと、行政の社会保障にゆだねられているのです。

この点については、つぎのように言い換えることができます。「私たちが生きていくためには、お金を稼ぐことが何よりも重要です。しかし、どうしてもそれができない人は社会保障をお使いください」。私たちの生活は、このような仕組みで成り立っているのです。

自らお金を稼いで、そのお金を使うことで生活を維持する社会では、誰かに頼ることが難しくなります。というのも、誰かに頼る行為は、お金を稼ぐ努力の放棄や怠慢を意味するからです。つまり、誰かの手を煩わせるということは、本人の怠慢や努力不足による「迷惑」となってしまうのです。

社会や他者に迷惑をかけた人は、激しく攻撃されます。さまざまな行為を「人それぞれ」と容認する社会は、「迷惑」というセンサーで個々人を監視する社会でもあるのです。

迷惑センサーのウチとソト

さて、この迷惑センサーなのですが、ウチとソトでやや違った働き方をするようです。かつてのさまざまな日本人論では、日本人は仲間ウチでは「甘え」がある一方、ソトに対しては気遣いが少ないと言われています。このような気質は、現代社会でも多少見られます。

「人それぞれの社会」では、ウチに属すると思われる友人に対しても、否定的な意見を言わないよう、あるいは迷惑をかけないよう、かなり気を配ってきました。しかしながら、「これはまずいんじゃないかな」、「やらない方がいいんじゃないかな」という行為については、「人それぞれ」ということで、さして諫《いさ》められることもなく流されてしまうことが多々あります。

第三章では、「人それぞれの社会」には、それぞれの選択に口を挟まない一方、引き起こされた結果にも関与しない冷たさがあることを見てきました。これは、ウチのなかでは、多少まずそうなことでも「人それぞれ」として流されてしまうことを表していま す。この章の第二の事例でも、コーツさんはバッハさんに特に強い意見は言いませんでした。ウチの社会では、迷惑センサーはあまり敏感にはたらかないのです。

しかし、ソトの社会はそうではありません。誰かが社会に迷惑をかけていると認定された瞬間、立ち上がる人が少なからずいます。法に触れるような悪事をしたわけではないバッハさんは、ネットでつながったソトの人から迷惑認定をされ、誹謗《ひぼう》中傷を受けてしまいました。このような現象は日本社会では頻繁に見られます。

自粛警察、謝罪会見

新型コロナウィルス感染症が流行《はや》りだした頃、「自粛警察」という言葉を耳にするようになりました。意味合いは、世の中に迷惑をかけた（かけそうな）人に対する自主的な取り締まり、というところでしょうか。二〇二〇年四月には、自主休業していた駄菓子やさんに店を閉めるよう求める張り紙が貼られました。その後も、政府の自粛要請に協力しない人びとを私的に取り締まる動きが見られています。事例のバッハさんも、自粛警察にタップリお灸《きゅう》を据えられてしまいました。自粛警察は、まさに、迷惑センサーの典型とも言える現象です。

二〇二一年の七月は、梅雨が明けると大変な猛暑が襲ってきました。それでも外に出る人は赤い顔をしながら、マスクをつけています。よくよく理由を聞いてみると、コロナウィルスが怖いのではなく、マスクをしないことで、周りからとがめられるのが怖いという人が少なからずいます。屋外に一人でいて、誰かと話すわけでもなく、人との距離もそれほど近くなければ、マスクをしなくてもよいと思うのですが、そうはしません。迷惑センサーの強さを感じます。

芸能人の謝罪会見からも、迷惑センサーのはたらきを読み取ることができます。二〇一〇年代半ばあたりから、不倫した芸能人の謝罪会見が増えてきました。本来、不倫は個人的なことであり、家族を含む当事者で話し合えば済むことです。しかし、彼・彼女は、そうはしません。会見する方々は、いったい何に対して謝っているのでしょうか。

会見を見ていると、「お騒がせして申し訳ございませんでした」という言葉をよく耳にします。つまり、会見を開く方々は、自らの行為で世の中を騒がせ、迷惑をかけたことを謝っているのです。有名であるゆえに、個人的なことでもソトから迷惑認定されてしまう。芸能の道を生きるのも大変です。

キャンセル・カルチャーの恐怖

世間に迷惑をかけた影響は、意外なほど長く、深刻になることもあります。「キャンセル・カルチャー」という言葉をご存じでしょうか。アメリカ由来の言葉で、問題を起こした人物や企業をキャンセルする——つまり、解雇したり、不買運動を行う文化をさします。

日本でもこのような傾向はみられます。不倫をした芸能人は、露骨に表舞台から排除されますし、世の中に迷惑をかけた人は執拗《しつよう》なまでにたたかれます。

コロナ禍では、国や都道府県、市区町村に勤める公務員がお店で懇親会をするたびに、大手の新聞に掲載されていました。たしかに、お店での飲食を控えるよう要求されているなかでの懇親会はよいことではありません。しかし、それは、組織のなかで処理すればよいことではないでしょうか。少なくとも私はそう思います。

それをわざわざ、読売や朝日などの大手の新聞で取り上げて、なおかつ、当事者を処罰すべきだと周囲が騒ぎ立てる姿に、私は怖さを感じます。過度な迷惑センサーは、萎縮を生み出し、私たちの社会を却《かえ》って生きづらくさせてしまっているのではないでしょうか。

キャンセル・カルチャーは、本章の前半で扱った多様性の文脈でもたびたび登場します。二〇二一年に行われた東京オリンピックでは、「差別的な発言をした」と判断された人が次々と表舞台を去りました。

キャンセル・カルチャーの怖いところは、時間をさかのぼって効果が発揮されることです。

表現にまつわるリスクは、基本的には、これから発せられる言葉に対してかかります。しかし、キャンセル・カルチャーの網の目が細かくなると、過去のインタビューや表現をもとにしたキャンセルが発生します。たとえば、二〇年前に問題のある表現をしていたから、今の役職をおろされるといった発動の仕方です。

しかし、ある表現を許容するかどうかは、時代や文化によって変わります。その点を考慮せずに、過去の表現を今のルールに照らして裁き、キャンセルを発動させる社会には、危険性を感じざるを得ません。

そもそも、キャンセルをちらつかせて人を従わせる社会に、あまり良いイメージを抱くことはできません。過去もふくめ、一度の失敗をキャンセルに結びつける社会を、過ごしやすいと言えるのでしょうか。今の世の中で「生きづらさ」という言葉が流行る背景には、このような事情があるのです。

6　救いの声を封じ込める迷惑センサー

支援の届きにくさ

迷惑センサーには、支援を届きにくくさせるはたらきもあります。

人びとに最低限の生活を保障するシステムとして、生活保護があります。生活保護は、日本という国が憲法で保障した「最低限度の生活を営む権利」を守るための制度と言えます。そのため、日本に住んでいる人ならば、当然のように受ける権利があります。しかし、なかなかそのようには解釈されません。

生活に困窮している方々に生活保護を勧めても、「保護だけはぜったい受けたくない」という人が少なからずいます。また、生活保護を受ける人が非難されることも少なくありません。以前、NHKのニュースに生活保護世帯の女子生徒が登場しました。この生徒が一〇〇〇円以上のランチを食べたり、キャラクターグッズを購入したりする姿が報道されると、猛烈な批判がおきました。「生活保護を受けているのだから、もっとつましく生活せよ」という批判です。このふたつの行為にも、迷惑センサーが関係しています。

言うまでもなく、生活保護は税金を財源としています。このシステムは、人のよい見方をすると、国民全体で、当然受けるべき最低限度の生活を保障する互助的な制度と考えられます。しかし、少々意地悪な見方をすると、じゅうぶんなお金を稼ぐ努力をしていない、あるいは、できない人の負担を周りが肩代わりする制度とも考えられます。

後者の視点に立つと、生活保護を受ける人は「お金を稼ぐ努力をせずに、他者の負担に甘える迷惑な人」と認定される可能性があります。だからこそ、このような批判を避けるべく、かたくなに保護を拒否する人が現れるのです。一方、先ほどあげた女子生徒に対しては、われわれに迷惑をかけながら生活しているのだから「贅沢《ぜいたく》などするな」という批判が生じます。

結果として生活保護は、国民であれば当然のように受けられる権利ではなく、恐縮しながら受け取る使い勝手の悪い支援になっています。

声を上げられない人たち

社会的に厳しい立場にいる人たちが、迷惑を意識して声を上げない傾向は、データからも読み取ることができます。

橋本健二《はしもとけんじ》さんは、日本は二〇〇〇年代に入って、本格的に格差社会に突入し、排除される層である「アンダークラス」が出現したと指摘しています。私は、『首都圏住民の仕事・生活と地域社会に関する調査』（二〇一六年実施、有効回収数二三五一票）のデータを利用して、アンダークラス（非正規または無職、女性は無配偶）でかつ、親しく、頼りにする友人・知人が0人または一人の人（排除・孤立層とする）の背景を探りました。

排除・孤立層の比較対象にしたのは、アンダークラスだが親しく、頼りにする友人・知人が二人以上いる人（排除・非孤立層）、アンダークラス以外で、親しく、頼りにする友人・知人が0人または一人の人（非排除・孤立層）、アンダークラス以外で親しく、頼りにする友人・知人が二人以上いる人（非排除・非孤立層）です。なかなか衝撃的な結果が出たので、要約して紹介しましょう。

幼少期の状況については、排除・孤立層は他の層に比べ、親の離婚率が高い一方で、親からやってもらったことは少なくなっています。具体的には、排除・孤立層は他の層に比べ、本の読み聞かせをしてもらった経験や、勉強を教えてもらった経験、旅行に連れて行ってもらった経験がありません。

家庭での不備を反映するかのように、排除・孤立層は学校でも苦労をしています。小学校、中学校の成績は悪く、また、学校でいじめや不登校を経験した人も他の層に比べたくさんいます。

学校での不適合は、その後につづく職業生活を難しくします。排除・孤立層は、最初の仕事から非正規に就く人が多く、現在も、経済的に非常に厳しい状況にいます。自らが「貧困層に入るか」という質問に対して、五六・四％の人が「入る」と答えています。同じアンダークラスである排除・非孤立層でも、その数値は四〇％にとどまっており、排除・孤立層の厳しさが際立ちます。

このような状況ゆえか、排除・孤立層は幸福感も低く、将来に強い不安を抱いていいます。現在の幸福感について、「まったく幸せでない」「あまり幸せでない」と答えた人は、排除・孤立層では四四・三%にもおよびます。同じ排除層でも非孤立者では、その数値は三〇%にとどまり、非排除層になると、その数値はもっと下がります（非排除・孤立層は一六%、非排除・非孤立層は九・三%）。

将来の生活が「とても不安」と答えた人は、排除・孤立層が突出して多く、六五・六%にもおよびます。次に多いのは、排除・非孤立層ですが、その数値は四五・五%とかなり下がります。非排除・孤立層と非排除・非孤立層は、二六・八%、二三・三%にとどまり、いずれもかなり少なくなっています。

ここまでの記述から排除・孤立層の苦労を読み取ることができます。しかし、注目すべきは、これから紹介するふたつの結果です。排除・孤立層に両親に対する意識を尋ねると、彼・彼女らのかなり多くの人が、今なお両親には尊敬や感謝を感じるべきだと考えています。

図12は、「両親に尊敬や感謝を感じない人間は最低だ」という質問に、「そう思う」と答えた人の比率です。ぱっと見では差が少なく、あまり目を惹《ひ》かないかもしれません。

排除・孤立層で「そう思う」と答えた人がいちばん多いものの（三八・七％）、その差は他のグループと五ポイントていどです。

しかし、思い出してください。家族の状況で指摘したように、排除・孤立層は、家庭環境に恵まれず、親からあまり面倒も見てもらっていません。家庭環境に恵まれず、親にあまり面倒を見てもらえなかったならば、両親に尊敬や感謝は、それほど感じないと考えられます。にもかかわらず、排除・孤立層は、他のグループと同じ、もしくはそれ以上に、両親に尊敬や感謝の念を抱くべきと考えているのです。

自らの苦境を訴えない姿勢は、「いくら正しくても人に迷惑をかけるようなことをしてはいけない」という質問への回答に、より鮮明に表れています。排除・孤立層は、「いくら正しくても人に迷惑をかけるようなことをしてはいけない」という意見に対して、じつに七割弱の人が「そう思う」と答えています（図13）。この数値は、他のグループに比べると、一〇ポイントほど高くなっています。つまり、排除・孤立層は、「人に迷惑をかけてはいけない」と人一倍強く思っているのです。

ここまでの結果を簡単にまとめましょう。排除・孤立層は、幼少の頃から、継続的に

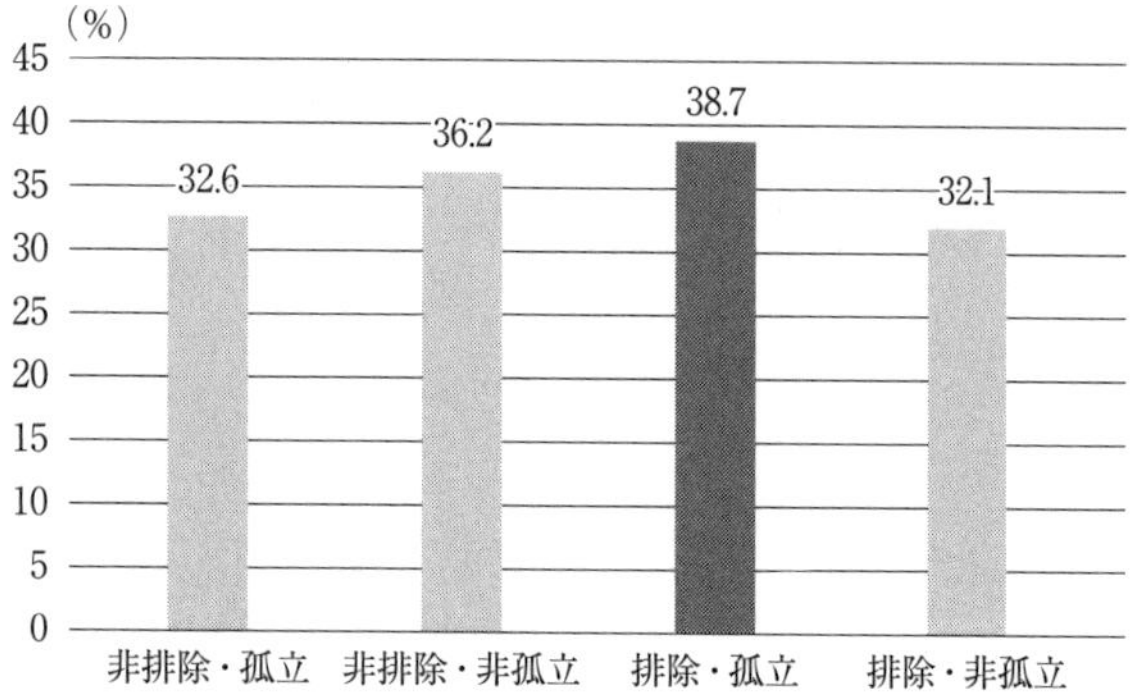

図12 「両親に尊敬や感謝を感じない人間は最低だ」という質問に、「そう思う」と答えた人の比率（『首都圏住民の仕事・生活と地域社会に関する調査』から）

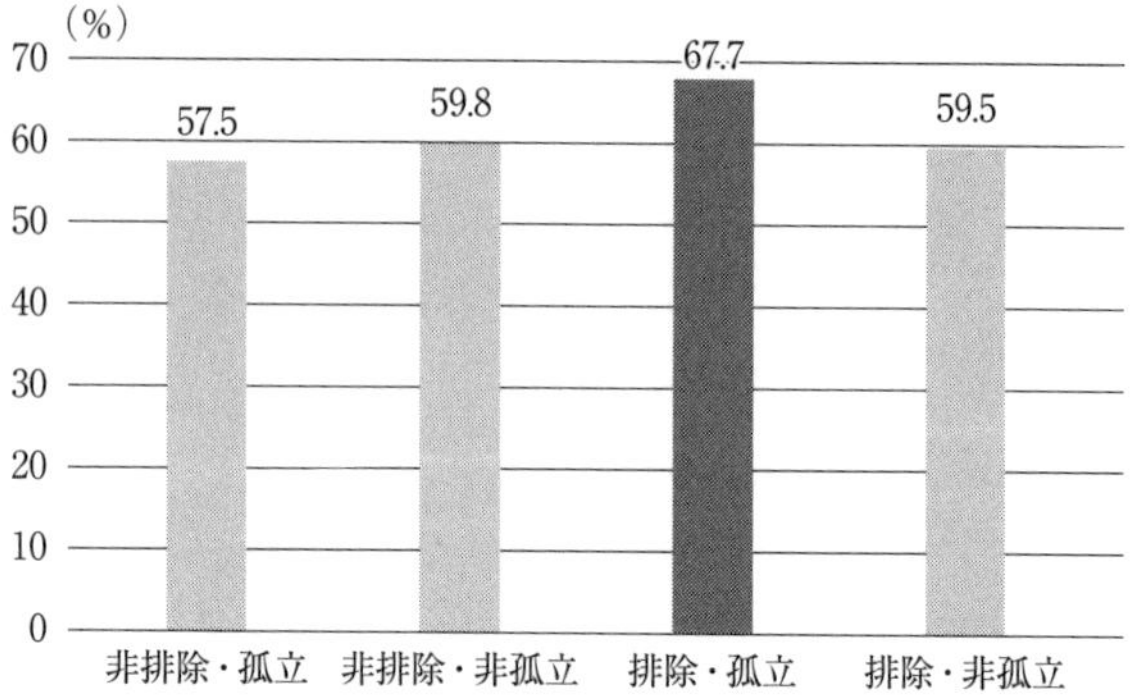

図13 「いくら正しくても人に迷惑をかけるようなことをしてはいけない」という質問に、「そう思う」と答えた人の比率（『首都圏住民の仕事・生活と地域社会に関する調査』から）

恵まれない状況にあり、幸福感も低く、将来に強い不安を抱いています。

しかし、このような状況にあってもなお、排除・孤立層は、恨みごとを言いません。むしろ、排除・孤立層の少なからぬ人が、両親に尊敬や感謝を抱くべきだと考え、また、「人に迷惑をかけることをしてはいけない」と強く感じています。だからこそ、排除・孤立層は、助けを求める声をあげることもなく、人の輪から緩やかに撤退していきます。

この結果は、日本社会における迷惑センサーの効力の強さを物語っています。迷惑センサーは、極限状態とも言えるような状況にいる人たちから、支援を求める声をあげる機会を摘み取っているのです。

7 「人それぞれの社会」の集団的な体質

「人それぞれの社会」が到来することで、私たちの行動の範囲は確かに拡《ひろ》がりました。一人でいろいろなことをできるようになったし、主義・信条を述べることも容易になりました。しかし、自由になる範囲が増えたと単純には言い切れません。

言葉や表現がもつリスクを理解した私たちは、表に出す言葉やイメージを無難なものに整えるか、あるいは、そもそも人に関わらない、または、話が通じる人のみ相手にするという戦略をとるようになりました。「人それぞれ」にいろいろな行為を認める社会は、迷惑センサーをつうじて、人びとの行動を律する社会でもありました。

このような事実をふまえると、集団的体質から抜け出すことを目指して「一人になる自由」を手にした私たちの社会には、結局、集団的な体質が色濃く残っているように思えます。言葉や表現がもつリスクにおびえ、表に出す言葉やイメージを無難なものに整えたり、迷惑センサーを気にして縮こまった生活を送る私たちは、「人それぞれ」にバラバラでありながら、結局は同じような行動をとるようになります。

現状に息苦しさを覚える私たちは、「昔はもっと大らかだった」、「昔はもっと豪快な人がいた」などと言って、「人それぞれ」ではない社会の気楽さを懐かしみます。「生きづらさ」は、現代社会を象徴するキーワードのひとつになっています。その背後には、キャンセルや迷惑センサーをちらつかせて、萎縮によって人びとを統制しようとするシステムの存在がほの見えます。

かつて私たちは、農村社会を集団的体質の残る息苦しい社会とみなし、批判の対象に据えました。現代社会は、人びとを統制する方法がキャンセルや迷惑センサーに転じただけで、集団的体質そのものは変わりません。このような社会で「生きづらさ」を感じるのは、むしろ必然と言えます。以上のような状況を勘案すると、日本社会の集団的体質は未《いま》だに健在だと思わせられます。

第五章　社会の分断と表出する負の意見

1　抑え込んできた思いのゆくえ

「人それぞれの社会」では、「人それぞれ」とは言いつつも、身近な人を非難しないよう意見を調整したり、世の中に迷惑をかけないよう気を遣ったりと、意外に縮こまった生活を強いられることがわかりました。しかし、人はそうそう我慢してばかりもいられません。そこでこの章では、抑え込んできた思いのゆくえについて考えてみましょう。

なお、第五章ではこれまでのように事例は入れずに、いきなり本題に入ります。というのも、この章では対立的、攻撃的な話題がやや多くなるからです。こういった事例は読んでいてあまり気持ちのいいものではないと思うので、入れないことにしました。

2　吸い寄せられる同質の意見

意見の合う人を求めて

「人それぞれの社会」では、なぜ思うように発言をすることが難しいのでしょうか。その理由は、前の章でも説明したように、言葉のもつリスクが高まったからです。何気なく発した言葉でも、少なからぬ非難を受けてしまうことがあります。とくに、属性にまつわる話は、タブー化していると言っても過言ではありません。

このような社会で安心して話をするためには、言葉のもつリスクを低くすることが肝心です。その方法のひとつとして、「緩やかな撤退」があげられました。相手や物事に対して深く関わるのをやめたり、無難な対応に終始していれば、面倒なことに巻き込まれる可能性は低くなります。

しかし、そうはいっても、なんらかの考えを共有したい、一緒に話したいという人もいるでしょう。人は共感を求めるものです。

その場合、もっとも無難なのは、あらかじめ同じ意見をもつと分かっている人と話すことです。話す言葉を選ぶのではなく、話す相手を選ぶことでも、言葉のもつリスクは引き下げることができるのです。

検索される「つながり」

しかしながら、相手が同じ意見をもっているかどうか判定するのは、そう簡単ではありません。というのも、相手が同じ意見をもっているかどうか確認するためには、その話題に触れて、相手の考えを確かめなければならないからです。これは非常にリスクの高い行為です。

もし、相手がまったく違う意見や考え方の持ち主だったら、キャンセルの憂き目に遭うかもしれません。相手を選ぶためには、選ぶ段階で相応のリスクを背負わねばならないのです。とくに、主義・信条にかかわる深い話題には、そう簡単に触れることはできません。

言葉のリスクが高まるなか、私たちは、相手を選ぶリスクを劇的に減らしてくれる魔法を、ついに手に入れました。検索です。私たちの検索能力は、パソコンとインターネットの普及を皮切りに、格段に増していきました。

一九九〇年代半ばにアメリカで開発されたＹａｈｏｏ！やＧｏｏｇｌｅなどの検索サイトの普及をきっかけに、人びとの「調べる」行為は激変しました。それまで、何かを調べるためには、辞書や事典、専門書を開くか、その話題に詳しい人に聞かなければなりませんでした。検索サイトの登場は、私たちに、誰もが必要な情報に直接アクセスできる環境をもたらしました。

二〇〇〇年代に入ると、携帯電話がインターネットと本格的につながるようになりました。誰もが携帯電話やスマートフォンをもち、そこにソーシャル・ネットワーキング・サービス（ＳＮＳ）が実装されることで、私たちは人の検索も容易にできるようになりました。特定の話題や趣味について話したければ、そうしたことに関心がある人を検索すればよいわけです。

たとえば、私の勤務する早稲田大学では、受験に合格した人びとは、ＳＮＳで「＃春から早稲田」という検索をかけて、同じ大学・学部に入学する人を事前に探します。そうすると、効率的に同じ境遇の人、すなわち、同じ年に同じ大学の入学式に参加する人を探すことができるのです。あらかじめ、同じ場に行く人を確保しておけば、入学式のときに、ひとりになるリスクを回避できます。

この機能を使えば、たとえ世論に反する意見をもっていたとしても、同じ考え方の人を探すのは簡単です。つまり、たとえ風変わりな考えをもっていたとしても、リスクなく同じ考えの人を探し出し、安心して胸の内を明かすことができる、ということです。

3　同質な集団同士が引き起こす対立

純化した集団

珍しい趣味や嗜好《しこう》、あるいは、多数派ではない考えをもつ人にとって、検索の機能の充実は、嬉《うれ》しい知らせでした。これまで、身の回りの人には、なかなか共感してもらえなかった悩みや考えを共有できる喜びは、ひとかたならぬものだったでしょう。多様性を受け入れるという観点からも、検索の機能は大いに役立っています。

しかし、物事にはよい面もあれば悪い面もあります。「人それぞれの社会」では、世の中に迷惑をかけていることは例外として、それ以外のことに表だって批判をするのは難しくなります。しかし、そのこと自体に不満を募らせている人も少なからずいます。

検索の機能が整えば、そうした人びとが集まり、「結託」することも十分可能です。つまり、目の前の人に無関心を装いながら、極端な考え方の人びとで結託することができるようになったのです。

しかも、形成される集団の同質性は、かなり高くなります。その理由は検索システムをつうじてできる集団の仕組みにあります。

現在の検索システムは、同じ考えをもつ人びとを、他の意見の干渉もなく直接結びつける機能を備えています。そのため、関係を結ぶ過程で、多様な考えに触れる機会がなかなかありません。たとえるなら、紙の辞書と電子辞書のような違いがあります。

紙の辞書は、目当ての言葉を調べる過程で、他の言葉を目にします。そこで、今まで知らなかった言葉に触れることもあります。しかし、電子辞書は、検索した言葉の意味のみを提示するため、それ以外の言葉に触れる機会はありません。

検索システムを使った出会いも同じで、似通った人たちを結びつけ、それ以外の人を排除する性質があります。仲間を見つける過程で、他の人に出会うこともありません。

このような集団は、固有の意見で凝り固まった、「純化した集団」と呼びうるものです。ある立場で純化した集団に所属すると、それ以外の多様な意見に触れるのは難しいでしょう。本音の抜け道としての検索システムの充実は、純化した集団を生み出し、多様性を損なう側面もあるのです。

対立と分断の時代

極端な考え方をもつ人たちの「結託」が進めば、世の中には、純化した集団があふれます。

このような集団は、互いに異なる考えで固まっているため、相容れません。それどころか、ひとつの事象に対する考えをめぐって、不毛とも言えるような対立を引き起こすこともあります。

第四章でお話しした「お母さん食堂」の事例では、まさにそのような兆候が見て取れました。簡単に紹介しましょう。

事の発端は、公益社団法人ガールスカウト日本連盟の協力のもと、高校生たちが行った署名活動にあります。高校生たちは、ファミリーマートで売られている「お母さん食堂」という名を冠した商品に、「お母さん＝家事・料理」というイメージを植え付ける可能性があると考え、名前の変更を求めた署名活動を実施しました。署名は七〇〇〇人以上の賛同を得たため、あるていど成功を収めたように思えます。

しかし、事態は、意外な方向に展開していきました。この問題はネットでとりあげられ、いっとき炎上のような状態になります。女性の権利を主張する言説に反対の意見を抱く人たちや、言葉への統制に不満を感じている人たちが、こぞって反撃をしたのです。

その間、それぞれの立場を支持する人たちから、数々の意見が表明されました。しかし、それぞれの意見は一方的に表明されるのみで、両者に対話が交わされることはなかったようです。ライターの赤木《あかぎ》智弘《ともひろ》さんは、この騒動を振り返って、「単純な二元論で相手を罵り合い、相手の口を塞《ふさ》ぎ合う様を、僕はとても見ていられない」と嘆いています。

純化した集団は、ときに、端から見れば不毛とも思えるような対立を引き起こすことがあります。そこには、建設的な対話は見られず、両者の間には、さながら「分断」とでも言いうるほどの深い溝が存在します。

今や「分断」は世界の情勢を表すキーワードになっています。二〇二〇年のアメリカの大統領選挙では、現職であるトランプ大統領を支持するか否かで、アメリカ社会は真っ二つに分断されました。少し前の二〇一六年には、イギリスでEU離脱をめぐる国民投票が実施され、やはり、国論が二分しました。

二〇一七年に惜しまれつつも亡くなったポーランドの社会学者ジグムント・バウマンは、このような分断の背景にもインターネットの影響があると指摘しています。私たちが「真の意味」での多様性を手に入れるためには、検索に慣れきった社会のあり方を見直す必要があるでしょう。

4　過激化する主張

ヘイトの発生

検索の機能が整うことで、ある物事に不満を抱く人を集めることも簡単になりました。ためられた不満は増幅され、過激化して不満の元となった人たちに噴き出すこともあります。

特定の国籍や思想、性別、障害、容姿を有する個人や集団に対して、誹謗《ひぼう》中傷や差別的な発言を行うことを「ヘイトスピーチ」と言い、そうした人たちに暴力的な犯罪を行うことを「ヘイトクライム」と言います。

アメリカでは、一九八〇年代後半以降、「ヘイトスピーチ」という言葉が一般的に用いられるようになり、日本では二〇一〇年代あたりから、輸入される形でその言葉が使われるようになりました。有名なものとしては、在日韓国人・朝鮮人への差別的発言で知られる「在日特権を許さない市民の会」(以下、在特会)の活動があげられます。在特会は、名前のとおり、日本国内に居住する在日韓国人・朝鮮人が不当に特権を得ていると主張しています。その特権を撤廃させるべくデモ・集会などの活動を行っています。

在特会の主張は、私自身、聞いてすぐに納得がいく、というものではありません。特定の人に「死ね」という言葉を浴びせたり、虫にたとえてさげすんだりする行為は、政治的デモの範疇《はんちゅう》を明らかに超えています。実際に、会の主張を批判する書籍も多数あります。

にもかかわらず、その活動の支持者は着実に増えています。設立当時の二〇〇七年初頭の会員数は、わずか一三〇人ていどであったものの、同年の三月に、早くも会員数は一〇〇〇人を超えます。二〇一一年四月には、一万人を超え、市民団体としての存在感も高まっています。

いったいどうやって、こんなにも短期間に会員数を増やしたのでしょうか。そこにはインターネットの存在があります。在特会は、デモの様子を動画としてアップロードし、自らの主義・主張を掲示板・SNS・ブログなどで展開・拡散することで支持を広げてきました。

在特会を研究する人びと、在特会に所属する人びとも、異口同音にインターネットの効果を指摘しています。在特会は、同じような考えをもつ人を呼び込みやすいインターネットの特性をフルに生かした団体だと言えるでしょう。

多様性への不満の受け皿

在特会の主張を見ると、ハラスメントや多様性という金言のもと、抑え込まれてきた不満を受け入れる役割を果たしてきたことがわかります。在特会の元会長、桜井誠《さくらいまこと》さんは、自らの著書の帯文で、在特会の役割をつぎのように述べています。少し長くなりますが、そのまま引用しましょう。

在特会に関わる人は、私も含め一般の人たちです。しかし今までタブーとされてきた在日問題に斬り込んでいるからヘイトスピーチと言われ反発される。私達は今までの常識をひっくり返そうとしているのです。

（『在特会とは「在日特権を許さない市民の会」の略称です！』帯文）

この言葉には、ハラスメントや多様性という標語を武器として、ある言葉がタブー視されることへの不満が色濃く表れています。桜井さんは帯文で、「今までタブーとされてきた在日問題に斬り込んでいるからヘイトスピーチと言われ反発される」とはっきり述べています。桜井さんは、「タブー」視され、「ヘイト」とも言われる主張も「一般の人」たちによるものだとして、現状の不満層に強く訴えかけているのです。

在特会の主張に賛成するか、反対するかは、皆さんが在特会の主張を読んで判断すればよいことです。この問題に対して、私はまさに、「人それぞれ」のスタンスをとります。そのため、在特会の主張そのものには、本書では立ち入りません。重要なのは、ある問題を「ヘイト」とラベルづけてタブー化する動きが、行き場を失った不満の受け皿を活性化させてしまったということです。

ある主張をタブー視して、蓋をするようなやり方では、それにそぐわない層の行き場がありません。結果として行き場のない層は「結託」して、その主張を強めます。そうなると、お互いに自らの「正しさ」を主張するだけで、議論の発展が望めません。多様性の時代には、抑え込んでいる思いのゆくえにも、もう少し目を配る必要があります。

5 「特権センサー」による糾弾

「特権」は許さない

第四章では、「迷惑センサー」の話をしました。この章での話には、迷惑センサーの姉妹版とでも言うべきもののはたらきがあります。「特権センサー」です。これについて、簡単に見ていきましょう。

在特会の主張は、在日韓国人・朝鮮人が「在日特権」を利用して不当に得をしているというものです。この主張の筋立ては、じつは、第四章で見た生活保護や自粛警察を扱ったさいになされていた話とあまり変わりません。

生活保護の話では、税金で支えられている生活保護世帯は目立たないようつましく生活するべきだという議論が展開されました。また、自粛警察の話では、全員が自粛ムードにあるなか、好き勝手な行動をするのは許せないという話が展開されました。

このふたつの話からも、特権めいたものを見出すことができます。生活保護の話には、生活保護を使って趣味などを楽しむ人は、不当に利益を得ているという批判があります。また、自粛警察をする人のなかには、多くの人が自粛しているのに、ある人だけ特例的に自粛を破るのは許せない、という心持ちがあります。

つまり、第四章の話には、世の中に迷惑をかけた人への憤りのみならず、特例的に利益を得ている人へのねたみも加わっているのです。なかでも、特例的に自粛を破る人への厳しい視線は、嫉妬が集まるであろう地位にいる人びとに、とりわけ強く注がれました。

特権センサーがはたらく仕組み

では、特例的・特権的にうまくやっている人を許せないという考え方は、なぜ生じるのでしょうか。この点について、多様な社会を象徴する「みんなちがって、みんないい」という言葉から考えてみましょう。

「みんなちがって、みんないい」この言葉をそのまま解釈すると、「それぞれ」ちがっている人たちが、そのまま受け入れられている状況が思い浮かびます。まさに、多様性の理念に沿った状況です。

一方、「人それぞれ」に多様な社会を実現するには、「みんなちがって**も**、みんな**同じ扱いでいい**」という平等主義的な考え方も必要です。一部の人のみが優遇されている状況を指して、「多様性が尊重されている」とは言えないでしょう。

多様な社会を実現するには、「ちがっても、それでいい」という部分と、「ちがっても、同じ扱いでいい」という部分の両方が必要なのです。このうち、後者に焦点があてられると、「ちがっていて、かつ、同じような扱いを受けていない」人や集団からの、または、「ちがっていて、かつ、同じような扱いを受けていない」人や集団への不満が高まります。

前者については、マイノリティからの異議申し立てに典型的に見られます。たとえば、「女性は男性に比べて不当な扱いを受けている（＝男性と同じ扱いを受けていない）」という異議申し立てです。

後者の不満は、大衆から高い地位にいる人に対して、しばしば向けられます。典型的には、「同じ日本国民なのに、国会議員だけ自粛をしないのは許せない」といったコロナ禍における批判です。

もともと集団的体質を残している日本社会では、「特権的に利益を得ている」と見なされる人に、厳しい視線が注がれます。言い換えると、横並び圧力の強い「人それぞれの社会」では、迷惑センサー、特権センサーが敏感にはたらくのです。

この文章を執筆しているのは、二〇二一年七月で東京オリンピックの開幕直前です。世の中には、オリンピックにまつわる一連の動きに対して、「特権」という非難があふれています。

多様性への対抗軸として

特権センサーは、マイノリティを擁護する言説への対抗軸としてもしばしば使われます。その筋立ては、マイノリティとして擁護されている人たちも、実は特権に守られている、あるいは、差別にさらされているわけではない、というものです。

在特会の主張は、人種や国籍による差別を禁止する多様性にまつわる言説と真っ向から対立します。在日韓国人・朝鮮人は差別にさらされているのではなく、実は特権を得てきた、というのが彼らの筋立てです。

ジェンダー問題への対抗言説にも似たような傾向を見出せます。すなわち、女性も優遇されている面は多分にある、あるいは、男性がそこまで優遇されているわけではない、という批判です。

本書は、このような議論のどちらに立つものでもありません。ここでお伝えしたいのは、特権センサーを軸とした議論の不毛さです。お互いに対立し合っているものどうしが、特権センサーを軸に議論すると、自らの不幸（特権のなさ）と、相手の幸せ（特権）を批判し合うものになりがちです。互いの不幸自慢や、やっかみ合いをしている間は、相手の境遇は見えてきません。もうちょっと相手をしっかり見据えた議論が必要でしょう。この点は、第六章でお話しします。

6　秩序から外れた人びとにぶつけられる不満

不満の受け皿としての迷惑センサー・特権センサー

迷惑センサーと特権センサーは、ともに、「人それぞれの社会」での不満の受け皿として機能します。他者への危害や否定をタブー視される「人それぞれの社会」では、お互いに自らの言動を律することを求められます。だからこそ「人それぞれの社会」は成り立つとも言えるでしょう。

多くの人が自らを律することで維持している秩序を、迷惑をかける（かけそうな）行為で乱そうとする人は、「人それぞれの社会」では、格好のターゲットになります。それぞれに我慢していることの不満を、迷惑をかけた対象に一挙にぶつけるのです。この場合の「迷惑」には、芸能人の不倫など、世の中を騒がせたものも含まれます。

『テラスハウス』の事件

フジテレビの『テラスハウス』という番組に端を発した自殺事件も、同じ軸で考えられます。『テラスハウス』は、複数の男女が生活する住居での共同生活の模様を、恋愛を中心に報道するリアリティ番組です。事の発端は、自殺してしまった木村花《きむらはな》さんと、男性の間のもめ事にあります。

プロレスラーの木村さんは、ある日、試合用のコスチュームを洗濯機に入れたまま忘れてしまいました。その後、洗濯機を利用した男性も、木村さんのコスチュームに気づかなかったため、木村さんのコスチュームは縮んで使用できなくなってしまいました。

これでは、コスチュームを着ることができません。プロレスラーにとって、試合用のコスチュームは大事な商売道具です。怒った木村さんは男性に歩み寄り、怒声とともに彼がかぶっていた帽子を投げ捨てました。

この「事件」の放送をきっかけに、木村さんのもとには、彼女を誹謗中傷するメッセージが寄せられるようになります。そのなかには、単純に、「事件」のときの行動を責める言葉だけではなく、悪質な批判もありました。度重なる負のメッセージに責め立てられ、木村さんは自殺してしまいました。

ここで注目したいのは、『テラスハウス』が現実を模したリアリティ番組だということです。かりに木村さんが、ドラマで同じことをやったとしたら、それはドラマの演出だと理解され、ここまで批判されることはなかったでしょう。

第二章でお話ししたように、「人それぞれの社会」では、知り合いに表立って怒りをぶつけることは、避けるべきこととみなされています。木村さんの「怒りをぶつける行為」は、架空の設定のドラマではなく、現実を模したリアリティ番組で行われたからこそ、日常のコミュニケーションのルールを破る迷惑な行為と受け止められ、批判にさらされることになってしまったのです。

「上級国民」を監視する特権センサー

多くの人が自らを律することで秩序を維持している場から少し外れたところにいて、

特権を受けていると見なされる人も格好のターゲットになります。

その典型となるのが「上級国民」批判です。二〇一九年四月、池袋で起きた暴走事故では、運転をしていた八七歳（当時）の元官僚の男性が即座に逮捕されないことに対して、「上級国民」優遇という批判がまきおこりました。「上級国民」という言葉は、その年の新語・流行語大賞にノミネートされるほど、世の中に広く浸透しました。

いちおう、男性の弁護をすると、この事件で警察は逮捕しなかった理由を、「容疑者が高齢で、また入院しており、逃亡のおそれもなかった」と説明しています。また、その後、容疑者は在宅起訴されています。したがって、容疑者が「上級」ゆえに、優遇を受けている、というのは少々言い過ぎでしょう。

二〇一九年八月には、橘玲《たちばなあきら》さんにより『上級国民／下級国民』という書籍が出版され、二〇二一年七月までで、一三万部の売り上げを記録しています。「幸福な人生を手に入れられるのは『上級国民』だけだ」（まえがきより）という言葉を熱狂的に受け入れる姿勢は、特権センサーの強さを反映しています。

その他の事例では、二〇二一年の東京オリンピックに関係した方々も「オリンピック貴族」などと呼ばれ、やることなすことにケチをつけられています。

それぞれの不満に蓋をすることで秩序を維持してきた「人それぞれの社会」は、秩序から外れた場にいる人に、激しい不満を生み出してしまう社会でもあります。「人それぞれの社会」は、皮肉なことに、その仕組みゆえ、迷惑センサー、特権センサーの感度を高めてしまったのです。

7　インターネットの機能的な問題

「一〇〇〇分の一」は低い確率ではない

それでも、皆さんの周りを見回してみると、「そんなに不満を抱いている人はいない」と思う人は多いのではないでしょうか。もしくは、「いくら不満を抱いていたとしても、実行に移す人はわずかだろう」と思う人もいそうです。私もその疑問はもっともだと思いますし、周りの人を見ても、多くは、「気になるけどいちいち声は上げない」という選択をしています。

しかし、時代は変わりました。インターネットの普及により、一見すると、わずかだと思える声は集約され、大きなうねりをつくることができるようになりました。

皆さんは、「確率一〇〇〇分の二」と聞いて、どのような印象を抱きますか。「ある事柄に当てはまる人は一〇〇〇人に一人しかいない」と聞くと、相当少ないと感じるのではないでしょうか。ここにインターネットと現実を隔てる大きな落とし穴があります。

この章の第二節でも述べましたように、インターネットは、各所に点在する意見を集約することが得意です。検索の機能を使えば、同じ考えをもつ人に容易にたどり着くことができますし、同じ考えをもつ人の意見を集約することもできます。

ここでかりに、皆さんが一〇〇〇人に一人しか心に抱かないような、なんらかの思いをもっていたとしましょう。おそらく、身の回りで同じ思いを抱いている人を探すのは困難でしょう。しかし、インターネットを使えば、同じような思いを抱く人は簡単に見つかるはずです。というのも、インターネットの世界には、日常、出会う範囲とは比較にならないほど多くの人がいるからです。

たとえば、日本語でインターネットを利用する人の数を考えてみましょう。まず、日本の人口についてですが、総務省統計局の二〇二一年七月の推計値では約一億二五〇〇万人です。このうち、一〇歳未満の方々や七〇歳以上の方々はインターネットをやらないと仮定しましょう。その世代に該当するのは、同じ推計値で、二八〇〇万人くらいいます。この数値を総人口から差し引くと、九七〇〇万人になります。

しかしながら、外国にいる方でも、日本語でインターネットを利用できる人もいると思います。これらを考慮すると、やや粗っぽい推計ですが、少なくとも一億人くらいは、日本語でインターネットを利用していると考えられます。

では、この一億人の一〇〇〇分の一はいくつになるでしょうか。答えは「一〇万人」です。

インターネットは環境さえ整えれば、物理的な距離と関係なく、どこからでも、どこにでもアクセスできますし、検索により、同じ考えをもつ人に簡単にたどり着くこともできます。つまり、インターネットを使えば、潜在的に思いを共有する一〇万人に簡単にアクセスできるのです。今や、一〇〇〇人に一人しか抱かないような思いも、けっして珍しいものではありません。

この特性を活かせば、一見、まれな考えだとしても、それを集約してうねりをつくることは、それほど難しくありません。ネットを使って急速に成長した在特会は、まさにネット社会の申し子と言えるでしょう。

アルゴリズムによる多様性の排除

インターネットには、考えを集約するもう一つの機能があります。この機能を、ここでは「アルゴリズムによる多様性の排除機能」と呼んでおきましょう。

インターネットには、使えば使うほど、利用者の特性を学習し、その人の好みに合ったページを提示しやすくなるという特性があります。インターネットは、利用者が閲覧したページや買ったものを記録し、その傾向にあった情報を優先的に届けてくれるのです。

企業の広告を収入源とするインターネットのビジネスモデルがこの機能を強化しています。というのも、その人の好みが分かれば、それに合った広告を打てるので効率的だからです。

広告がたくさん集まれば、サイトを運営する会社も、より大きな利益を手にすることができます。つまり、インターネット利用者の気持ちにそった情報を提示できるようになればなるほど、関連する企業がうるおう仕組みになっているのです。

好みに合ったニュースや動画、広告を見続けていれば、必然的に、閲覧している人の考えは偏っていきます。インターネットは、考えの近い人をたぐり寄せやすくするだけでなく、個々人の考え方をも特定の方向に導く傾向があるのです。結果として、考え方の近い人が寄り集まり、社会にさまざまな分断が生まれていきます。

8　対話なき「人それぞれの社会」

「人それぞれの社会」での萎縮

第四章、第五章と少し大きな社会のことを扱ってきました。少し話が複雑になってきたので、いったん整理しましょう。図14は、第四章、第五章で扱われた話題をまとめたものです。

「人それぞれの社会」とは、誰もが「それぞれ」の存在として尊重される社会であり、「人それぞれ」と言いつつも、「他者に危害」を加えることを許さない社会です。それぞ

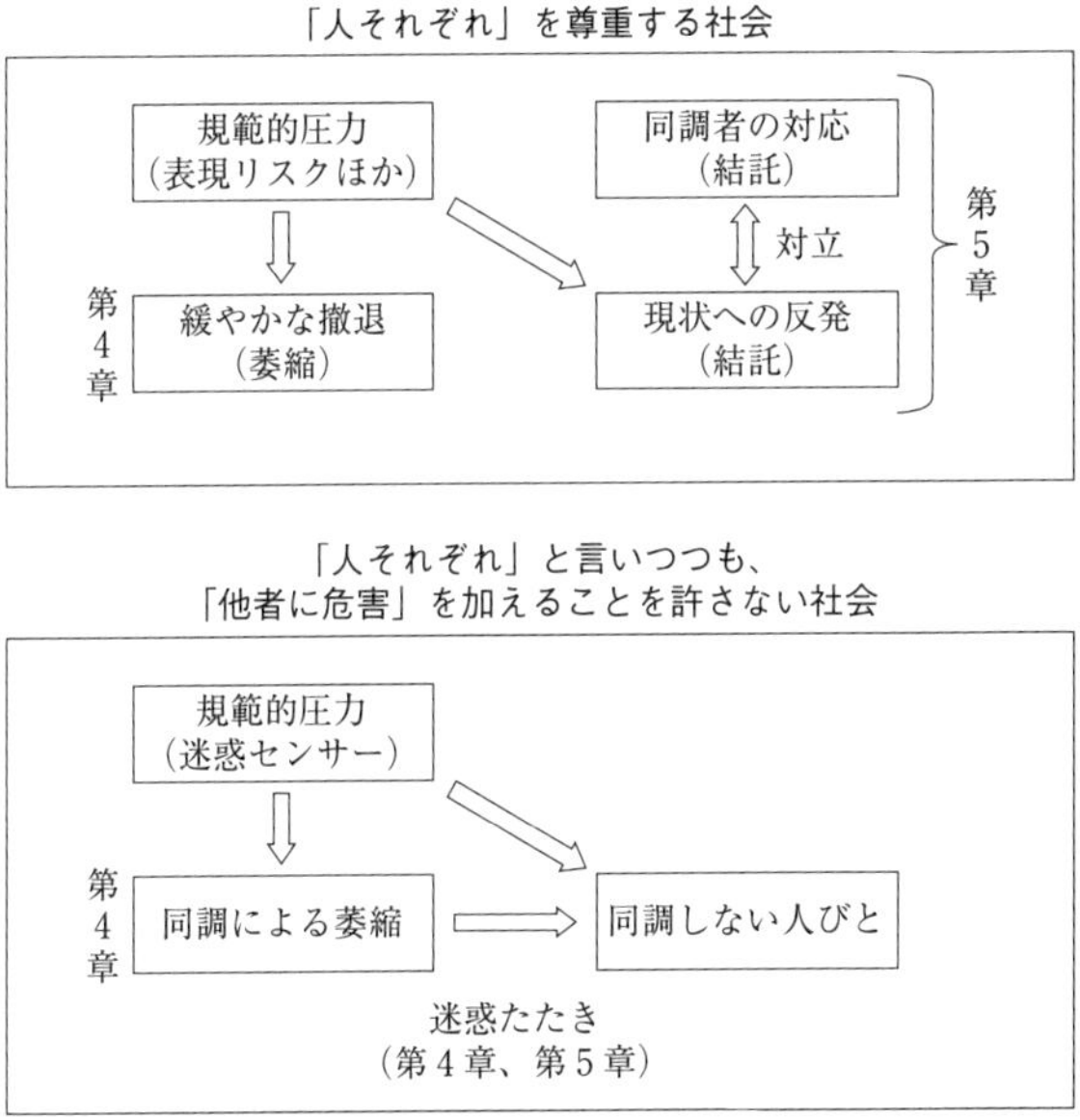

図14　第4章、第5章のまとめ

れ、前者が上の図、後者が下の図に対応します。図を見つつ、ふたつの章を振り返りましょう。

第四章では、「誰もが『それぞれ』の存在として尊重される社会」、「『人それぞれ』と言いつつも、『他者に危害』を加えることを許さない社会」で生まれる萎縮を扱いました。図で言えば、「規範的圧力」から下に伸びる矢印の部分に、おもに該当します。

第四章の前半（上図）では、

誰もが「それぞれ」の存在として尊重される社会での萎縮を扱いました。

「誰もが『それぞれ』の存在として尊重される社会」とは、「明確に他者に危害を加えるような行為や考え方以外は、否定してはいけない社会」とも言い換えられます。しかし、どのような表現が他者の否定にあたるかは、それこそ「人それぞれ」、または、状況次第になるため、よくわかりません。

その一方で、表現の否定認定は、自らの立場を脅かすこともあります。否定認定におびえる私たちは、結果として、人とのつながりから緩やかに撤退していきます。

第四章の後半（下図）では、「人それぞれ」を許さない社会での萎縮について、迷惑センサーを軸にお話ししました。

「人それぞれの社会」では、「人それぞれ」とは言っても、「他者に危害」を加える行為は許されていません。この「他者に危害」を加える行為には、直接的な暴力や強奪だけでなく、世の中への迷惑も含まれます。

私たちの社会は、世の中に迷惑をかけた人を過剰にたたく、迷惑センサーによって、統制がとられています。「人それぞれの社会」は、「人それぞれ」の行為を迷惑センサーで監視する社会なのです。

規範的圧力からうまれる大きなうねり

第五章では、「人それぞれの社会」での規範的圧力をめぐって生まれる大きなうねりに着目しました。図では、おもに、右半分にあたります。

誰もが「それぞれ」の存在として尊重される社会（上図）には、表現のリスクにおびえ、つながりから緩やかに撤退する人ばかりではありません。現状に納得のいかない人、規範にあるていど同調的な人もいます。

インターネットの普及により、現状に納得のいかない少数の人びとを結びつけるプラットフォームが生み出されました。それにより、現状に反発する大きなうねりが作り出されます。しかし、そのような動きは、規範に同調する人たちの再反発を誘発し、両者の間では、激しい批判合戦が展開されます。

相手を批判するさい、重宝されるのが、相手の利得を指弾する特権センサーです。対立する両者は、しばしば、自らの不幸（特権のなさ）と相手の過剰な幸福（特権）を批判し合います。そこには、相手の境遇に思いをはせる姿は見えません。「人それぞれ」と言いつつも、「他者に危害」を加えることを許さない社会（下図）では、迷惑をかけた人を徹底的にたたく、という形でうねりが生まれます。そのさい、迷惑センサーだけでなく、特権センサーもはたらき、「恵まれた地位」にあると判断された人ほどたたかれる傾向があります。相手をキャンセルするほどにまで執拗《しつよう》にたたく姿勢は、とても「人それぞれ」と形容できるものではありません。

相手の見えない「人それぞれの社会」

ここまで、「人それぞれ」をめぐるさまざまな問題を見てきました。じつは、それぞれの章で紹介した問題には、共通点があります。相手の姿があまり見えていない、ということです。当事者どうしの対話がないと言い換えることもできるでしょう。この話題は最終章、第六章で扱っていきましょう。

第六章　「異質な他者」をとりもどす

1　身近に「異質な他者」がいない社会

「異質な他者」の不在

ここまで、「人それぞれの社会」はどのような性質をもち、また、そこでは、どういった問題が生じたのかみてきました。

さて、本書には、「人それぞれの社会」をテーマとしていること以外に、もうひとつの共通点があります。皆さんお気づきでしょうか。

共通しているのは、いずれの章でも、「自分とは異なる、あるいは、批判的な意見をもった他者の存在感がうすい」ということです。本章では、「自分とは異なる、あるいは、批判的な意見をもった他者」を「異質な他者」、このような人びとの「存在感がうすい」ことを「異質な他者の不在」と表現します。

異質な他者の不在は、本書の「裏テーマ」とでもいうものです。現代社会のさまざまな問題を考えてゆくと、異質な他者の不在に行き着くことが少なくありません。そこで、本書の締めくくりとなる第六章では、異質な他者の不在に焦点をあて、どこに問題があり、どういった対応が考えられるか検討してみましょう。

気の合わない人とつき合わなくてよい社会

まず、問題を把握するために、異質な他者の不在という視点で、本書の内容をあらためてとらえ返しましょう。

本書の第一章では、「人それぞれの社会」が成り立つ条件として、「一人」になる条件が整ったことを指摘しました。「一人」になれるということは、裏返すと、他者がいなくてもなんとかなる、ということです。

他者がいなくてもなんとかなるのであれば、私たちは、第二章で指摘したように、無理して気の合わない他者とつき合わなくてもよくなります。そうなると、気の合う人とばかりつき合うようになり、自身に対して批判的な意見をもつ人は、つながりの輪から徐々にいなくなります。まさに、異質な他者の不在です。

身近な人の批判的・否定的意見の封じ込め

気の合わない人を異質な他者として視界の外に追い払うのは、その善し悪しはさておいて、心情的にはわかります。しかし、より深刻なのは、「人それぞれの社会」では、親しい関係にある人びとの「異質な意見」すら排されてしまうことです。

第二章で述べたように、「一人」になれる社会での人づきあいには、無理してつき合わなくてもよい気楽さと同時に、ひとたび波風を立てるとすぐに切り離されてしまう不安定さも備わっています。

そうなると、人びとは、あるつながりが大事であればあるほど、そのつながりの輪にいる人に否定的・批判的な意見を言えなくなります。関係が壊れてしまうかもしれないからです。関係の修復の機会がないことを恐れるあまり、友人との言い争いを避けようとする大学生の姿は、まさにその典型です。

否定的・批判的意見どころか、異なった意見すらも言い出しにくくなっています。

「人それぞれの社会」は、個の尊重を前提としています。それゆえ、他者の主義・信条に異議申し立てをすることはなかなかできません。その点は、たとえ親子であっても、同じです。

たとえば、「結婚しない」と言っている子どもに、結婚をするよう諭すことは、親であっても簡単ではありません。さまざまな意見や行為、主義・信条については、「人それぞれ」と受け容《い》れ、あまり口を挟まないのが現代社会の流儀なのです。

しかしながら、そうなると、相手が遠ざかる寂しさやもどかしさを感じたり、格差が広がったりします。本書の第二章、第三章でお話ししたことです。これらの現象は、親しい関係にある人びとから「異質な意見」を表明する機会を奪ってしまったゆえに生じました。「人それぞれの社会」では、身近な人ですら「異質な他者」性を見出す機会は、あまりありません。

2 他者への想像力と共感の欠如

分断され攻撃し合う集団

第四章と第五章は、「人それぞれ」を取り締まる世の中のルールとそれに対する反応について扱いました。

「人それぞれの社会」には、さまざまな意見や行為、主義・信条を尊重する一方、そのような考えから外れた人を厳しく罰する性質があります。言い換えると、多様性の価値観に対して「異質な立場」であろうとする人に、厳しい態度で接します。

そうなると、人びとは厳罰を怖れ、なるべく危険に近づかないようにします。対人関係であれば、なるべく突っ込んだ発言をせず、「人それぞれ」としてその場をやり過ごし、表現文化の世界であれば、なるべく穏当な表現に終始します。

しかし、くさいものに蓋をするような形で、「異質な立場」を浄化しようとしても、そう簡単にうまくいくものではありません。インターネットが普及した現在、多様性の原理に反対の意見をもつ「異質な立場」の人びとは、自らにとっては「異質な他者」(=多様性の原理を推進する人)の視線を避けて容易に結託することができます。

おたがいに、異質な他者を不在にしたまま結託した集団が乱立すれば、社会は分断されてゆきます。というのも、このような集団は、それぞれの立場を考慮した意見をもつことが難しいからです。そのため、それぞれの集団は、たがいに強烈な批判合戦を展開します。

他者を執拗にたたく人たち

第四章、第五章のもうひとつの話題は、「人それぞれの社会」を取り締まる迷惑センサーや特権センサーについてでした。「人それぞれの社会」を生きているはずの私たちは、世のなかに迷惑をかけた（であろう）人や、例外的に特権を受けていた（であろう）人に過剰に反応し、執拗《しつよう》にたたこうとします。

私も、もちろん、迷惑をかけることはいけないことだと考えています。また、誰かが特権を得ていると聞けば、よい思いは抱かないでしょう。

しかしその一方で、迷惑や特権に対する反応が苛烈だと感じることも少なくありません。その原因のひとつにも、異質な他者の不在があります。

迷惑タタキ、あるいは、特権タタキを見ていると、そこまでやるほどのものなのか、としばしば思います。たたかれている人の痛みを想像する力が麻痺《まひ》しなければ、なかなかあそこまではできません。

誰かを復活できないほどにまでたたくというのは、よほどのことです。その境界を易々と乗り越えてしまうところに、自らと異なる感じ方や考え方をもった他者への想像力のなさ、および、そこからくる他者への共感の不足を見出すことができます。

3　対話をつうじた深い理解のススメ

異質な他者の不在を原因として、さまざまな面で問題が発生しているならば、その問題を解く鍵は明快です。私たちのつながりのなかに、異質な他者を取り込んでゆけばよいのです。

その点を検討する前に、まず、本書でふれた一連の問題に対して、他の研究者がどのような対処法を提示してきたのか確認してみましょう。

分断を修復する対話

著名な社会学者であるジグムント・バウマンは、『自分とは違った人たちとどう向き合うか』という書籍のなかで、インターネットは同じ考え方をもつ人の意見のみを集め、議論を特定の方向に導く「大いなる単純化」を引き起こすと指摘しています。「大いなる単純化」が起きると、異なった考えをもつ人の意見に耳をふさぐことになり、社会に分断がもたらされます。このような分断を乗り越える鍵として、バウマンは「相互理解を目指す対話」や「会話」の重要性をあげています。しかしその一方で、バウマンは、理解そのものを「永久に未完成」と述べ、その難しさも指摘しています。

在日コリアンに対する過激な言動を「日本型排外主義」と定義づけた樋口直人《ひぐちなおと》さんは、つぎのような対応方法を提案しています。

樋口さんによれば、日本人の在日コリアンへの眼差しは、日本（人）と在日コリアンだけでなく、在日コリアンの祖国、韓国・朝鮮の三者関係を軸に形成される、とのことです。それゆえ、彼ら・彼女らの祖国で何かがあるたびに、日本で生まれ育った三世、四世には、祖国のフィルターをとおして厳しい視線が注がれます。

このような現状をふまえ、樋口さんは、在日コリアンに対しては、祖国の視線も取り込んだ三者関係ではなく、直接対象を見る二者関係から理解する必要がある、と説いています。つまり、よけいな情報にとらわれずに相手を直接見るということです。

三者関係を用いた対象の理解は、たびたび行われています。たとえば、新型コロナウイルス感染症がはやった当初、アメリカではアジア系の人たちへの差別が過激化しました。この原因は、アジア系の人びとを、真偽はさておき、コロナをはやらせた当事者として、祖国と関連づけて理解したことによります。

バウマンと樋口さんの対応は、いずれも対話や会話を重視している点で非常に似ています。バウマンの述べる「相互理解を目指す対話」と、樋口さんの推奨する二者関係からの理解は、ほぼ同じです。分断や偏見を乗り越えるには、やはり直接の対話をつうじた理解が必要なのです。

友だち関係を円滑に進める対話

次に、友人関係の研究を見てみましょう。「一人」になれるようになった社会での人間関係について考察した菅野仁《かんのひとし》さんはつぎのように述べています。

共同体的な凝集された親しさという関係から離れて、もう少し人と人との距離を丁寧に見つめ直したり、気の合わない人とでも一緒にいる作法というものをきちんと考えたほうがよいと思うのです。

（『友だち幻想』二五ページ）

菅野さんが語る「気の合わない人とでも一緒にいる作法」は、本書で指摘した「異質な他者をとりこむ」ことに相通じます。

では、菅野さんは、異質な他者と一緒にいるにあたり、どのような方法を提案しているのでしょうか。

菅野さんは著書のなかで、「人と接するさいに異質性・他者性を意識して親しみを味わうトレーニングをすること」、「信頼できる他者を見つけること」のふたつをあげています。

「人と接するさいに異質性・他者性を意識して親しみを味わうトレーニングをすること」とは、相手が自らと違う考えや感じ方をもつと認識してもなお、親しさを感じられるようトレーニングをすることです。しかし、相手に対して「この人違う」と感じながら親しみをもつことはなかなかできません。

そこで重要になるのが、ふたつ目の「信頼できる他者を見つけること」です。信頼できる他者がいれば、異質な他者が目の前に現れても、すぐに関係を放棄することなく、継続の糸口を見つけられるとのことです。

そのさいの信頼のあり方はつぎのようなものです。すなわち、自らと考えが一致するゆえに生じるのではなく、自らと異なる他者だということを軸につくられる信頼です。このような信頼があるからこそ、異質な他者と関係を結べるようになる、というのが、菅野さんの意見です。

しかしながら、異質な他者と信頼のある関係を結ぶのは、そう簡単ではありません。そこで菅野さんは、つぎに紹介するふたつの方法をあげています。

第一の方法は、コミュニケーションを阻害する言葉をなるべく使わないようにすることです。具体的には、「ムカツク」「うざい」「ていうか」などという言葉を避けることです。

このうち「ムカツク」や「うざい」という言葉は、相手とのコミュニケーションを遮断するさいに、よく使われます。まさに、コミュニケーションを阻害する言葉です。三つ目の「ていうか」という言葉は、話しの文脈に関係なく用いられることがあります。それゆえ、コミュニケーションを阻害するととらえられています。

第二の方法は読書です。あるていどの集中を要する読書は、執筆者との深い対話とも言い換えられます。読書をつうじて執筆者と深く対話することで、異質な他者を取り入れることができるようになります。

対話の重要性はわかっているけれど

さて、ここまで見てくると、異質な他者を取り込むにあたり、同じような見解が示されていることに気づきます。

社会の分断を問題視したバウマンは、「相互理解を目指す対話」を提唱しました。在日コリアンを敵視する視線への打開策として、樋口さんは、二者による対話をつうじた相互理解をあげました。現代社会の友だち関係の悩みを扱った菅野さんは、自らも相手も「他者」として理解し、信頼を築く重要性を指摘しました。

まとめると、いずれの研究者も、相手もしくは他者との深い対話をつうじた理解を掲げているのです。菅野さんは、具体的な方法として、コミュニケーションを阻害する言葉を避けることや、読書もあげていますが、力点は深い対話におかれています。

これらの考えを見て、皆さんはこう思いませんでしたか。「深い対話の重要性はわかったけれど、どうやったらそれをできるようになるの」と。私も同じ意見です。「人それぞれの社会」には、そもそも個々人を分断し、対話を阻害する斥力とでもいうものがはたらいています。深い対話を阻害する条件がこれほど揃《そろ》っているなか、はたして対話は可能なのでしょうか。本書の締めくくりとして、この点についてもう少し探っていきましょう。

4　異質な他者を取り込むために：社会編1　インターネット

異質な他者との対話をうながす方法には、社会のしくみにはたらきかけるものと、個々人にはたらきかけるもののふたつがあります。菅野さんの提案した、コミュニケーションを阻害する言葉を控えることや読書は、個々人にはたらきかけるものです。

第四節と第五節では、まず、異質な他者を取り込む社会のしくみについて考えます。つづく第六節では、異質な他者を取り込むにあたり、個々人が意識すべきことについて検討します。

これらの節では、私自身がみなさんにとっての「異質な他者」になるつもりで、自らの意見をできるだけ率直に述べてゆきます。そのため、議論の分かれるようなテーマにも、あえて踏み込んでゆくつもりです。

普及の速さに注目

現代社会のコミュニケーションのありようを変え、社会の分断を生み出した原因としてたびたびあげられるのが、インターネットです。異なる意見を切り捨て、お望みの意見にダイレクトに結びつくシステムは、バウマンの述べる「大いなる単純化」をもたらし、単純化された集団はたがいに対立します。このような見解を述べる研究者や評論家は、少なくありません。

しかし、インターネットには、今あげた以外にも、あまり注目はされていないものの、非常に大きな特徴があります。そのメディア自体の普及の速さです。

インターネットは、これまでのメディアと比べものにならないくらいの速さで世界中に広まりました。あまりの普及の速さゆえ、インターネットは、社会にどのような影響をもたらすかロクに検証されないまま、世に広まってしまったのです。

インターネットと電話の普及過程

参考として、サービス開始から普及までの年数を電話と比較して確認しましょう。

日本でインターネットのプロバイダがサービスを開始したのは、一九九二年です。その後、マイクロソフト社のウィンドウズ95を搭載したパソコンの普及により、インターネットは一般家庭にも徐々に浸透していきました。一九九九年には、携帯電話からのネット接続も可能になります。

携帯電話は、二〇〇〇年には、日本人の五割以上がもつようになりました。パソコンの普及とあわせて考えると、インターネットは、プロバイダサービスの開始からわずか八年で、多くの国民に浸透したことになります。

日本にスマートフォンが本格的に上陸したのは、iPhoneが発売された二〇〇八年です。『通信利用動向調査』によると、スマートフォンの所持者は、その後、わずか五年（二〇一三年）で過半数を超えます。つまり、インターネットサービスの開始から、わずか二〇年くらいで、日本人の多くが、個別にインターネットに接続する環境を手に入れたのです。

ひるがえって固定電話をみてみると、サービスの開始は一八九〇年です。開始当初は東京と横浜をつなぐ限定的なサービスでした。固定電話の世帯あたりの普及台数が五〇%を超えるのは、一九七四年まで待たねばなりません（『昭和50年度通信白書』）。サービス開始からじつに八〇年以上の歳月が流れています。

技術の影響を検証する仕組みを

固定電話の普及状況を確認すると、私たちが、距離の離れた相手と会話を楽しめるようになったのは、ほんの五〇年くらい前だとわかります。さらに言えば、ほとんどの人が端末をつうじて結びつくようになってからは、まだ一〇年も経っていません。

目の前にいない親しい他者と連絡を取る手段は、電話以前には、手紙か電報しかありませんでした。その手紙や電報も、日本では、通信や輸送の環境、紙の供給が整う一五〇年くらい前から、ようやく使われるようになりました。つまり、私たちは、人類の誕生から気の遠くなるほどの年月をかけて、目の前にいる人との対話をつうじて社会を築いてきたのです。その環境が数年で激変してしまいました。

技術というのは、本来であれば、中長期的な影響を見極めつつ、緩やかに普及させていく必要があります。短期間で環境を激変させてしまうと、取り返しのつかない過ちに対応できないからです。

しかし、競争を軸に世界中がつながった社会は、検証の結果を待ってくれるほど悠長ではありません。他社に先駆けて商品やサービスを開発し、世に送り出すことこそが競争の社会でのルールだからです。

インターネットがコミュニケーションに与えた影響を考慮すると、私たちは、本来であれば、利用の制約も含め、もう少し慎重にこの便利なツールと付き合うべきなのでしょう。少なくとも私はそう考えます。

コミュニケーションの変化は、環境問題のように、人体に直接影響するわけではありません。それゆえ、私たちは、その便利さのみに目を向け、利用の制限に及び腰になります。一個人や一国で解決しうる事案ではないからこそ、インターネットの利用や影響にまつわる問題は、社会全体で考えてゆく必要があるのです。

5　異質な他者を取り込むために：社会編2　つながり

頑健さの保証

次に、つながりについて検討しましょう。「一人」になる自由を得て、人間関係の選択性が増すと、人びとは誰かと長くつき合うことが難しくなります。地縁はすでに、都市部においてはかなり廃れました。今や、長期的つながりの最後の砦《とりで》である血縁および婚姻関係もかなりうすくなっています。

しかしながら、あるていどの期間つきあわなければ、つきあっている人の異質な側面は、なかなか見えません。また、異質な面が見えたらすぐに解消されるつきあいで、人びとが相手に気兼ねなく異質な面をさらすのは難しいでしょう。

したがって、つながりのなかに異質な他者を取り込むには、「そのつきあいが容易には壊れない」という「頑健さ」の保証が必要になります。しかし、頑健さの保証は容易ではありません。というのも、つながりにおける頑健さの保証は、ともすると強制力をともなうからです。

「誰かとつき合い続けなければいけない」と強制することは、「人それぞれ」のルールと真っ向から対立します。今や所属先の懇親会への参加も、強制される時代ではありません。

継続性のあるつながりにむけて

だからこそ、異質な他者を取り込むためには、つながりのなかに頑健さをいかにして組み込むか、社会全体で考える必要があります。とはいえ、私たちは、個人の選択に重きをおいた「一人」の生活に慣れきっています。

つまり、私たちは岐路に立たされているのです。その道は、個々人の選択や自由をあるていど犠牲にしても、つながりに頑健さを入れてゆく方向と、自由を尊重して、つながりの弱さや異質な他者の不在には目をつむる方向に分かれています。

このように書くと、「いやいやその意見は極端すぎる、自由にしつつも頑健さを保証する道はあるはずだ」という意見が聞こえてきそうです。しかし、私は自らの考えが極端だとは思いません。

識者と呼ばれる人たちは、必死になって対話や相互理解の重要性を訴えています。しかし、現実の社会は、呼びかけとはほど遠い状況にあります。

個人レベルでいうと、人は「それぞれ」の殻に閉じこもり、おたがいに深く関わろうとしません。孤立や孤立死も問題になっています。社会レベルでは、分断や対立の火種が広がっており、格差も拡大しています。

私は、相互理解をうながす深い対話は、つながりの頑健さの保証とセットでなければ実現し得ない、と考えています。「『それぞれ』人の意向には配慮しましょう。でも、時には深く話しましょう」などというムシのいい言葉で、人が集まるとは思えません。「人それぞれ」や多様性を重視する論者は、「人それぞれ」や多様性という考え方じたいに、対話を阻害する作用があることも意識するべきでしょう。自主性と個の尊重ばかりに目を向けるのでなく、社会としてつながりに頑健さをいかに取り込むか。そのことをもっとしっかり議論すべきだと私は思います。

6　異質な他者を取り込むために：個人編

最適化を望む人間関係

最後に、異なる他者を取り込むにあたり、個々人はどのようなことを意識すればよいのか考えてみましょう。

再三述べたように、「人それぞれ」に物事を選べるようになるには、選べるだけの選択肢を用意しなければなりません。その点は人間関係も同じです。

私たちは、「一人」になることもふくめ、どのようなつき合いをするか、あるていど選べるようになりました。では、かりに、皆さんがつき合う相手を選べるようになったとしたら、どのような人と関係を結ぶでしょうか。

おそらく、自らにとってなんらかの面でプラスになる人とつながりの輪をつくるでしょう。第三章では、人間関係が「コスパ」化している現状を説明しました。しかし、

「コスパ」の論理は、自らにも跳ね返り、かえって自分の居場所を削る可能性がある、とも指摘しました。自身が相手にとっての「コスト」となってしまうかもしれないからです。

「コスパ」の論理は、自らの居場所を削るばかりでなく、もうひとつの重大かつ単純な事実を見えづらくしてしまいます。「人にはプラスの面もマイナスの面もある」というごく当たり前の事実です。

コストとパフォーマンスという二元的な発想でつき合いを振り分けようとすると、ひとりの人には「コスト」(マイナス面)と「パフォーマンス」(プラス面)の両方が混在するという当たり前の事実を見落としてしまいます。というのも、「コスパ」の論理は、「身の回りの人間関係は、プラスの面をもつ人のみで最適化できる」という過度な理想をもとに成り立っているからです。

「親ガチャ」「子ガチャ」

人間関係の最適化に固執すると、つき合いに異質な他者が入る余地はなくなってゆきます。なぜかというと、異質な他者は「コスト」（マイナス面）として視界の外に追いやられてしまうからです。

最近の若い人たちの、つながりにたいする最適化の願望を象徴する表現として、「親ガチャ」「子ガチャ」という言葉があります。

ガチャとは、インターネットのゲーム上でのキャラクターやアイテムの入手方法です。ガチャでは、昔の駄菓子屋さんにあった「ガチャガチャ」のように、どのようなキャラクターやアイテムが出てくるかわかりません。それを親子関係になぞらえたのが、「親ガチャ」「子ガチャ」という言葉です。具体的には、子にとっての親（親ガチャ）、親にとっての子（子ガチャ）も、ガチャのように「何が出てくるか選べない」という意味です。

最適化の追求と関係からの撤退

「親ガチャ」という言葉がよく使われるのは、「親ガチャが外れた」というかたちで、自らの願望に適した親のもとに生まれなかったことを嘆く文脈です。コスパや最適化の精神は、今や親子関係にもおよんでいるのです。

当然ながら、親からしても「思いどおり」の子が生まれる、あるいは「思いどおり」に子が育つとはかぎりません。むしろ、現実に子育てをしている方からすれば、子どもは思いどおりにならないと考えるのがふつうでしょう。

しかし、「子ガチャ」の時代は違います。思いどおりにならない関係には最初からふれなければよいということになります。

「親ガチャ」「子ガチャ」の特集をしたインターネット番組で、アナウンサーが興味深いコメントをしていました。つぎのようなものです。

もしそれが（子どもが）自分の期待と合わなかった時、もちろん広く受け止めるべきですけど、そうできるかっていう自信がない。

（ＡＢＥＭＡヒルズ「〝親ガチャ〟論争 当たり外れの是非」カッコ内は引用者）

このコメントは、「人それぞれの社会」における人間関係の最適化の願望の強さを表しています。それと同時に、最適化がうまくいかないことも想定して、関係から緩やかに退くこと――自信がないから子どもを産まないこと――もにおわせています。最適化はしたいけれど、それは難しそう。かといって関係から退くのも寂しそうだから避けたい。このような心境のもと、多くの人びとは、相互に過剰に気を遣いながら、関係が崩れないように均衡を保っています。

このようなつながりに異質な他者が入る余地は、なかなかありません。第二章では、関係の修復の機会がないゆえ、ケンカを避けている大学生の実情を伝えました。人びとは高い期待から外れないように、マイナスの（異質な）部分を必死に隠しているのです。

最適化からの離脱

異質な他者を取り込むには、さまざまな研究者が指摘したように、相手との深い対話が必要です。しかし、個々人がつながりの最適化を望み、期待値を上げている状況では、とてもではないが、そういった深い対話はできないでしょう。

したがって、私たちが深い対話を取り戻すためには、最適化願望をいったん脇におき、つながりへの期待値を切り下げ、人はプラスの面もマイナスの面もあるというごく当たり前の事実に立ち返る必要があります。

そもそも、人がもつマイナスの部分をなくして、人間関係を最適化することなどできるのでしょうか。私はできるとは思いません。私は、期待どおりにいくこと、期待にそぐわないこともふくめてともにすごしてゆく、というのが人づきあいの基本であり本質だと思っています。

このような社会は集団的で息苦しいように感じられます。しかし、必ずしもそうとは言い切れません。

期待にそぐわないことがあってもともにすごしてゆける社会は、「コスパ」の論理が徹底された場とは反対に、人を「コスト」として容易に切り捨てない社会と言い換えることもできるからです。つながる相手を選び最適化できると考える「人それぞれの社会」では、その発想があまりにも欠けています。

それでもつながりにとどまる気持ちを

私たちは、長い年月をかけて、ようやく「一人」になる自由を手に入れました。「一人」になる自由を手に入れたことで、私たちは理不尽な要求や搾取から逃れられるようになりました。それは確かに素晴らしいことで、否定するつもりはありません。

しかし、現在の社会状況をみると、私たちは「一人」になる自由をもてあましているように見えます。「一人」になる自由を得て、名目上でもつき合う相手を選べるようになった社会では、人づきあいに対する期待値が上がります。

それと同時に、異質な他者はつながりの不協和音として視線の外に追いやられてゆきます。今や、誰かとつき合うには、つき合うに足るだけの理由が求められるのです。「一人」になる自由を得る前、私たちは、気の遠くなるほどの年月をかけて対面中心の社会を築いてきました。顔を合わせて集団で過ごしていけるというのは、霊長類学の知見にもあるように、人類の比類なき財産です。私は、現代社会を生きる人びとは、ほんの少しでも、その原点に立ち返るべきではないかと考えています。

具体的には、相手が自らにとってマイナスになるかプラスになるかにとらわれずに、目の前の他者と腰を据えてつき合うことを、もっと積極的に意識してもよいのではないかと考えています。人にプラスの面があろうと、マイナスの面があろうとつき合ってみる。そうすることで、人の弱さに思いをはせられるようになり、また、異質な人とも仲良くしないまでも、うまくやっていけるすべを身につけられるようになります。

迷惑をかけないよう、あるいは、場の空気を乱さないよう自らを律することのできる人は、たしかに立派です。しかし、それと同時に、おたがいに迷惑をかけつつも、それを笑って受け容れられるつながりも同じくらい大事だと思いますし、私は、後者のほうに居心地のよさを感じます。

このようなつながりは、おたがいが相手のもつ異質さを受け容れることによって初めて得られるものです。

私たちは豊かになったからこそ、「一人」になるだけでなく、相手の前にあえてとどまり、「ただつき合う」ということをもっと意識したほうがよい。そこから得られる多様性もあるのではないかと私は考えています。

おわりに

最終章で、「私たちは、気の遠くなるほどの年月をかけて対面中心の社会を築いてきました」と述べました。この言葉は、「私たちは、気の遠くなるほどの年月をかけて個を尊重する社会を築くことができました」と言い換えることもできます。個々人を尊重できる社会は、それだけ貴重だということです。

とはいえ、物質的な豊かさを獲得し、個を尊重する思想が広まってからは、まだ五〇年そこそこしか経っていません。つまり、私たちは、個を尊重することについては、まだまだシロウトなのです。だからこそ、個を尊重する社会については、反省的にとらえ返す必要があります。本書の試みもその一環です。

「みんなちがって、みんないい」

多くの人は、そんな社会が実現できればと思っています。しかしそれと同時に、多くの人は、現実にはそのような社会は到来しえないと感じているかもしれません。

私たちの生きている社会は、つねに理想の状態にはない。哲学では、このような考え方を大事にします。後ろ向きだと思いますか。いやいや、けっしてそんなことはありません。

私たちの社会はつねに理想の状態にはありません。だからこそ、私たちは、対話をくり返し、理想の状態に近づくよう努力してゆく必要があるのです。そのようなことができる人間を、私は素晴らしいと思います。

異質な他者との出会いが失敗や対立を招くこともあります。しかし、失敗したなら反省し、対立したなら仲直りすればよいのです。

失敗や対立は挫折ではなく、理想の状態に到達する過程です。理想の状態にはない社会では、誰もがそのような道を通ってゆくのです。だからこそ、異質な他者との出会いを面倒くさがることなく、楽しんでいただければと思います。

「「人それぞれ」をテーマに本を書きませんか」と、筑摩書房の方便凌さんにお声がけいただいたのは、『友人の社会史』を出版して程なくのことでした。

たしかに、いろいろなことを「人それぞれ」と片付ける社会には、違和感を抱いていましたし、それに対して何かを発信したいとも思っていました。しかし、一冊の本になるとは思わず、しばしば頭を抱えました。

そんなとき、方便さんの適切なご助言に救われました。あらためて御礼申し上げます。方便さん、ありがとうございました。

私自身、新書の執筆は初めてでした。新書は研究書とちがい、読みやすさを求められます。そこで、私が思っていることを、実体験を交えながら、あるていど率直に書くことにしました。

本書が「人それぞれの社会」で悩む人の心を、少しでも軽くするきっかけになれば幸いです。

二〇二一年九月

石田光規

参考文献

ＡＢＥＭＡヒルズ「〝親ガチャ〟論争　当たり外れの是非」二〇二一年九月一六日放送
https://abema.tv/video/episode/89-71_s10_p2261（二〇二一年九月二四日閲覧）
赤木智弘（二〇二一）「ファミマ「お母さん食堂」炎上問題に潜む「フェミニスト」と「アンチフェミ」の深すぎる溝」『現代ビジネス』二〇二一年一月二〇日
https://gendai.ismedia.jp/articles/-/79387（二〇二一年九月二一日閲覧）
Baudrillard, Jean, 1970, *La Société De Consommation Ses Mythes, Se Structures*, Denoël.（＝今村仁司・塚原史訳『消費社会の神話と構造』紀伊国屋書店、一九九五年）
Bauman, Zygmunt, 2016, *Strangers at Our Door*, Cambridge: Polity Press.（＝伊藤茂訳『自分とは違った人たちとどう向き合うか――難民問題から考える』青土社、二〇一七年）
Beck, Ulrich, 1986, *Riskogesellschaft Auf dem Weg in eine andere Moderne*, Frankfurt: Suhrkamp Verlag.（＝東廉・伊藤美登里訳『危険社会――新しい近代への道』法政大学出版局、一九九八年）
土井隆義（二〇〇八）『友だち地獄――「空気を読む」世代のサバイバル』ちくま新書
Erikson, Erik H., 1959, *Identity and the Life Cycle*, International Universities Press.（＝西平直・

中島由恵訳『アイデンティティとライフサイクル』誠心書房、二〇一一年）
フランシス・フクヤマ（聞き手：会田弘継）（二〇二一）「「キャンセル」が飛び交う不寛容な国・アメリカ」『中央公論』二〇二一年七月号、六六―七五頁
Hansen, Anders, 2019, *Skärmhjärnan*, Stockholm: Bonnier Fakta.（＝久山葉子訳『スマホ脳』新潮新書、二〇二〇年）
樋口直人（二〇一四）『日本型排外主義――在特会・外国人参政権・東アジア地政学』名古屋大学出版会
石田光規（二〇一八）『孤立不安社会――つながりの格差、承認の追求、ぼっちの恐怖』勁草書房
石田光規（二〇二一）「都市に沈みゆく声なき孤立者たち」『中央公論』二〇二一年七月号、三二―三九頁
菅野仁（二〇〇八）『友だち幻想――人と人の〈つながり〉を考える』ちくまプリマー新書
栗原彬（一九八九）『やさしさの存在証明――若者と制度のインターフェイス』新曜社
岡田努（一九九三）「現代青年の友人関係に関する考察」『青年心理学研究』五巻、四三―五五頁
桜井誠（二〇一三）『在特会とは「在日特権を許さない市民の会」の略称です！』青林堂
千石保（一九九一）『「まじめ」の崩壊――平成日本の若者たち』サイマル出版会
Sue, Derald Wing, 2010, *Microaggressions in Everyday Life: Race, Gender, and Sexual Orienta-*

tion, NJ: John Wiley & Sons.（＝マイクロアグレッション研究会訳『日常生活に埋め込まれたマイクロアグレッション――人種、ジェンダー、性的指向：マイノリティに向けられる無意識の差別』明石書店、二〇二〇年）
角南圭祐（二〇二一）『ヘイトスピーチと対抗報道』集英社新書
橘玲（二〇一九）『上級国民／下級国民』小学館新書
髙橋伸幸・竹澤正哲（二〇一四）「協力と賞罰」山岸俊男・亀田達也編著『岩波講座 コミュニケーションの認知科学4 社会のなかの共存』岩波書店、一二一―一四四頁
上野千鶴子（二〇〇七）『おひとりさまの老後』法研
上野千鶴子（二〇二一）『在宅ひとり死のススメ』文春新書
八木雄二（二〇〇四）『「ただ一人」生きる思想――ヨーロッパ思想の源流から』ちくま新書
山田昌弘（二〇一九）『結婚不要社会』朝日新書
山極寿一（二〇一四）『「サル化」する人間社会』集英社インターナショナル
山極寿一（二〇一八）『ゴリラからの警告――「人間社会、ここがおかしい」』毎日新聞出版
安田浩一（二〇一二）『ネットと愛国――在特会の「闇」を追いかけて』講談社
郵政省（一九七五）『昭和50年度通信白書』

ちくまプリマー新書

079
友だち幻想
――人と人の〈つながり〉を考える
菅野仁
「みんな仲良く」という理念、「私を丸ごと受け入れてくれる人がきっといる」という幻想の中に真の親しさは得られない。人間関係を根本から見直す、実用的社会学の本。

074
ほんとはこわい「やさしさ社会」
森真一
「やさしさ」「楽しさ」が善いとされ、人間関係のルールである現代社会。それがもたらす「しんどさ」「こわさ」をなくし、もっと気楽に生きるための智恵を探る。

359
社会を知るためには
筒井淳也
なぜ先行きが見えないのか？　複雑に絡み合う社会を理解するのは難しいため、様々なリスクをうけいれざるを得ない。その社会の特徴に向き合うための最初の一冊。

363
他者を感じる社会学
――差別から考える
好井裕明
他者を理解しつながろうとする中で、生じる摩擦熱のようなものが「差別」の正体だ。「いけない」と断じて終えるのでなく、その内実をつぶさに見つめてみよう。

386
「日本」ってどんな国？
――国際比較データで社会が見えてくる
本田由紀
家族、ジェンダー、学校、友人、経済・仕事、政治・社会運動について世界各国のデータと比較し、日本がどんな国か考えてみよう。今までの「普通」が変わるかも!?

ちくまプリマー新書

156 女子校育ち 辛酸なめ子
女子100％の濃密ワールドの洗礼を受けた彼女たちは、卒業後も独特のオーラを発し続ける。文化祭や同窓会潜入も交え、知られざる生態が明らかに。LOVE女子校！

316 なぜ人と人は支え合うのか ——「障害」から考える 渡辺一史
障害者を考えることは健常者を考えることであり、同時に自分自身を考えること。なぜ人と人は支え合って生きるのかを「障害」を軸に解き明かす。

064 民主主義という不思議な仕組み 佐々木毅
誰もがあたりまえだと思っている民主主義。それは、本当にいいものなのだろうか？　この制度の成立過程を振り返りながら、私たちと政治との関係について考える。

159 友達がいないということ 小谷野敦
「便所めし」という言葉があるが、友達がいないということは、「もてない」よりもつらいかもしれない。文学作品を始め、さまざまな視点から描く、ネット時代の友達論。

329 何のための「教養」か 桑子敏雄
単なる〝飾り〟か、それとも〝命綱〟か。教養の力で人びとの合意形成を図る「地を這う哲学者」が斬り込む。すぐれた選択を導く知、思慮深さとはどういうもの？

ちくまプリマー新書

273
人はなぜ物語を求めるのか
千野帽子
人は人生に起こる様々なことに意味付けし物語として認識することなしには生きられません。それはどうしてなのか？　その仕組みは何だろうか？

326
物語は人生を救うのか
千野帽子
世界を解釈し理解するためにストーリーがあった方が、人は幸福だったり、生きやすかったりします。私たちの周りに溢れているストーリーとは何？

332
宇宙はなぜ哲学の問題になるのか
伊藤邦武
「宇宙に果てはあるか」「広大な宇宙の片隅の私達は何者か」。プラトンもカントもウィトゲンシュタインも、哲学的思考の出発点は宇宙だった。謎の極限への大冒険。

262
レジリエンス入門
――折れない心のつくり方
内田和俊
人生には心が折れやすくなる時期がある。どうすればそれを乗り越え、成長できるのか。心の自然治癒力＝「レジリエンス」を高め、たくましく生きる方法を伝える。

334
銀河帝国は必要か？
――ロボットと人類の未来
稲葉振一郎
ロボットとの共存や宇宙進出が現実味を帯びる現代。人間のアイデンティティも大きく揺らいでいる。いったい人類とは何なのか？　ＳＦを手がかりに迫る。

ちくまプリマー新書

335
なぜ科学を学ぶのか
池内了
科学は万能ではなく、限界があると知っておくことが重要だ。科学・技術の考え方・進め方には一般的な法則がある。それを体得するためのヒントが詰まった一冊。

336
ダイエット幻想
——やせること、愛されること
磯野真穂
モテたい、選ばれたい、認められたい……。ダイエットの動機は様々だけど、その強い思いで生きづらくなっていませんか？　食べると生きるをいま見つめなおそう！

337
はじめての三国志
——時代の変革者・曹操から読みとく
渡邉義浩
劉備、孔明率いる蜀が中心に語られる三国志。しかし、時代に多大な影響を与えたのは、彼らではなく曹操だ。彼を中心に読みとけば、新たな歴史の一面が見えてくる。

338
世界はデザインでできている
秋山具義
デザインはどのように見られ、どのように機能しているのか。広告、商品パッケージ、ロゴデザイン、装丁などで活躍中のアートディレクターが語る効くデザインとは。

339
若い人のための10冊の本
小林康夫
本とは、世界の秘密へと通じる扉の鍵を、私たちに与えてくれるもの。いったいどんな読書をすれば、そこに辿りつけるのか？　あなただけにこっそり教えます。

ちくまプリマー新書

340 はじめての憲法 篠田英朗
日本国憲法の制定過程をポツダム宣言受諾後の「ポツダム・プロセス」と見ることで憲法の本当の姿がわかる。気鋭の国際政治学者による、世界水準の憲法入門講義。

341 はじめての日本古代史 倉本一宏
日本が誕生する瞬間を体感せよ！「農耕のはじまり」「律令国家の形成」から「院政の開始」「武士の台頭」までを一気に駆け抜ける。すべての日本人必読の一冊。

342 ぼくらの中の「トラウマ」——いたみを癒すということ 青木省三
どんな人にもトラウマはある。まずはそのいたみを自覚し、こじらせてしまわないことが肝要だ。トラウマのメカニズムや和らげる術を豊富な事例から紹介する。

343 どこからが病気なの？ 市原真
病気と平気の線引きはどこにあるのか？病気のアラームとは何か？かぜと肺炎はどう違う？人体と病気の仕組みについて病理医ヤンデル先生がやさしく解説。

344 日本史でたどるニッポン 本郷和人
日本はひとつの民族が、ひとつの言語を使い、ひとつの国家を形成して長い歴史があると習う。けれどもそれは本当だろうか？どのように今の日本になったのか。

ちくまプリマー新書

350
レオナルド・ダ・ヴィンチ
――【よみがえる天才2】
池上英洋
家族にも教育の機会にも恵まれず、コンプレックスだらけだった五〇〇年前の一人の青年が、なぜ名画を遺し、近代文明の夢を描く「天才」と呼ばれるに至ったか。

351
「さみしさ」の力
――孤独と自立の心理学
榎本博明
自分の内面に目が向かう青年期。誰とも違う個別性の自覚とともに、痛切な「さみしさ」が生まれてくる。この感情の様相をとらえつつ、自立という問題を考察する。

352
部活魂！
この文化部がすごい
読売中高生新聞編集室
運動部だけが部活じゃない！　全国の様々な文化部でも、仲間と熱くなり、時には対立しながら、成長を遂げていくドラマがある。心を震わせる情熱ノンフィクション。

353
はずれ者が進化をつくる
――生き物をめぐる個性の秘密
稲垣栄洋
「平均の人間」なんて存在しない。個性の数は無限大。生き物各々が異なっているのには理由がある。唯一無二の生命をつなぐための生存戦略がここにある。

354
公務員という仕事
村木厚子
時に不祥事やミスなどから批判の対象になる公務員だが、地道に社会を支えつつ同時に変化を促す素晴らしい仕事だ。豊富な経験を元に、その醍醐味を伝える。

ちくまプリマー新書

355
すごいぜ！ 菌類
星野保
私たちの身近にいる菌もいれば、高温や低温、重金属濃度の高い場所など、極限に生きる菌もいる。その総数は150万種とも。小さいけれども逞しい菌類の世界。

356
はじめての昭和史
井上寿一
改憲論議、格差社会、日米関係、メディアと世論……。いま議論になっている問題のはじまりは昭和にあった！ 戦前・戦時下・戦後のダイナミックな歴史を一冊に。

357
10代と語る英語教育
——民間試験導入延期までの道のり
鳥飼玖美子
署名活動への参加や国会前でのデモなど、英語民間試験導入延期に大きな役割を担った三人に取材し、大学入試改革とは何か、英語教育はどうあるべきかを説き明かす。

358
モーツァルト
——【よみがえる天才3】
岡田暁生
完璧なる優美、子どもの無垢、美の残酷と壊れたような狂気、楽しさと同居する寂しさ——モーツァルトとはいったい何者だったのか？ 天才の真実を解き明かす。

360
徒然草をよみなおす
小川剛生
「徒然草」は、本当に「無常観を主題とした遁世者の随筆」なのだろうか。どうもそうではないらしい。当時の文脈に置きなおすことで、本当の姿が見えてくる。

ちくまプリマー新書

361 子どもを守る仕事
佐藤優
遠藤久江
池上和子

いま、児童福祉の仕事が見なおされています。保育士、教員、里親、児童養護施設職員——。本書では、子どもの命と生活を守る職業の魅力と働き方を考えます。

362 アレクサンドロス大王
——【よみがえる天才4】
澤田典子

前人未到の大征服を成し遂げ、三二歳の若さで世を去ったアレクサンドロス。時には「英雄」として、時には「暴君」として描かれる「偉大なる王」の実像に迫る。

364 コペルニクス
——【よみがえる天才5】
高橋憲一

長く天文学の伝統であった天動説を否定し、地動説を唱えたコペルニクスによって、近代科学は大きな一歩を踏み出した。どのように太陽中心説を思いついたのか。

365 西洋美術とレイシズム
岡田温司

聖書に登場する呪われた人、迫害された人を、美術はどのように描いてきたか。二〇〇〇年に及ぶ歴史の中で培われてきた人種差別のイメージを考える。

366 紛争解決ってなんだろう
篠田英朗

世界で紛争はどのように解決されているのか。英米の大学で体系的に教えられている「紛争解決論」の世界水準の議論を、気鋭の国際政治学者がわかりやすく伝える。

ちくまプリマー新書

367
地方を生きる
小松理虔
いま地方にこそ可能性が広がっている。これまでと違った視点でみれば、新たな魅力と課題が浮かんでくる。仕事、暮らし、苦労などローカルな生き方をお伝えします。

368
値段がわかれば社会がわかる
——はじめての経済学
徳田賢二
私たちの社会生活において「経済」の占める場所は大きい。そのしくみはどのようなものか。生産から消費まで、「値段」を手がかりに解き明かした経済学入門。

369
高校生からの韓国語入門
稲川右樹
ハングル、発音、文法、単語、豆知識……Twitterでも人気の「ゆうき」先生がイラストをまじえてわかりやすく解説。始めるなら、まずはこの1冊から!

370
ガウディ
——【よみがえる天才6】
鳥居徳敏
歴史や自然に学び、幾何学を駆使してたどり着いた独特の建築様式は今なお新鮮だ。サグラダ・ファミリア聖堂やグエル公園はどのようにして生まれたのか。

371
はじめてのニュース・リテラシー
白戸圭一
フェイク、陰謀論、偏向、忖度、感性のズレ——情報はなぜ歪んで/偏ってしまうのか。ニュースの作られ方から、信頼できる情報の見分け方までを平易に説く。

ちくまプリマー新書

377
みんな自分らしくいるための
はじめてのＬＧＢＴ
遠藤まめた
恋愛における変なルール、個性を抑えつける校則、家族は仲が良くないといけない……。性の多様性を考えることで、「当たり前」から自由になれる。

378
生きのびるための流域思考
岸由二
かつてない量の雨が日本列島を襲っている。頭上の雨だけを見ていても水土砂災害は分からない。雨は流域で集められることを知って安全なところへ！

379
リスク心理学
――危機対応から心の本質を理解する
中谷内一也
人間には危機に対応する心のしくみが備わっている。しかし、そのしくみには一癖あるらしい。感情と合理性の衝突、リスク評価の基準など、最新の研究成果を紹介。

380
自分をたいせつにする本
服部みれい
からだを温める。深く呼吸する。自分と打ち合わせをする。自分の年表を作る。体や心をたいせつにするワークで、自分の気持ちに気づいてなりたい自分になる。

381
心とからだの倫理学
――エンハンスメントから考える
佐藤岳詩
整形で顔を変えてしまってよいのか。能力や性格を薬によって変えることの是非は？　変化によってあなたと社会はどうなるの？　倫理学の観点から論点を提示する。

ちくまプリマー新書

382
古代文明と星空の謎
渡部潤一
ストーンヘンジは夏至の日の出を示し、ピラミッドは正確に真北を向いている。古代人はどうやって計測したのか。当時の星空をシミュレーションして読み解く!

383
学校の役割ってなんだろう
中澤渉
忙しすぎる教員、授業への不満、役に立つ教育の要望。学校の様々な課題の背景を理解するために、あらためて学校はなぜあるのか、そして社会との関係を問いなおす。

384
ファッションの仕事で世界を変える
――エシカル・ビジネスによる社会貢献
白木夏子
地球を蝕む社会問題への取組みと、キラキラ輝く自分の夢の追求と、ビジネスへの挑戦心――すべて一緒に叶えるのがエシカル・ビジネス。その実践への教科書。

385
従順さのどこがいけないのか
将基面貴巳
「みんな、そうしているよ」「ルールだから、しかたがない」「先生がいってるんだから」この発想がいかに危険なものなのか、政治、思想、歴史から解明します。

387
はじめての精神医学
村井俊哉
うつ病、統合失調症、認知症、パーソナリティ障害――さまざまな精神疾患の症状や治療法を広く見渡し、さらには「そもそも精神医学とは何か」までを考える。

ちくまプリマー新書

388 **神話でたどる日本の神々**
平藤喜久子
神話にはメンタルが弱かったり、戦に負けたりと、え？と思う逸話がたくさん。神は特別な存在でしょうか？日本人がつきあってきた神々のことを学んでみませんか。

389 **はじめての考古学**
松木武彦
縄文土器が派手なのはなぜ？ 古墳はなぜあんなにデカいのか？ 言葉ではなく「モノ」からわかる真実とは？新たな知と結びついたこれからの考古学の入門書。

390 **バッチリ身につく 英語の学び方**
倉林秀男
ベストセラー『ヘミングウェイで学ぶ英文法』著者が贈る、語彙・文法・音読・リスニング……ことばの「基礎体力」の鍛え方。英語学習を始める前にまずはこの本！

391 **はじめて学ぶ環境倫理**
——未来のために「しくみ」を問う
吉永明弘
エコで環境はよくなるのか？ なぜ生物の絶滅はダメなのか？ つくられた自然は偽物か？ 身近な環境の疑問から未来に関わる問題まで、考えるヒントを教えます。

320 **その情報はどこから？**
——ネット時代の情報選別力
猪谷千香
日々、空気のように周りを囲んでいる情報群。その中から私達は何をどのように選べばいいのか。情報の海で溺れないために大切なことを教える一冊。

ちくまプリマー新書 392

「人《ひと》それぞれ」がさみしい 「やさしく・冷《つめ》たい」人間関係《にんげんかんけい》を考《かんが》える

二〇二二年一月十日 初版第一刷発行
二〇二四年九月五日 初版第四刷発行

著者 石田光規（いしだ・みつのり）

装幀 クラフト・エヴィング商會

発行者 増田健史

発行所 株式会社筑摩書房
東京都台東区蔵前二‐五‐三 〒一一一‐八七五五
電話番号 〇三‐五六八七‐二六〇一（代表）

印刷・製本 株式会社精興社

ISBN978-4-480-68417-2 C0236 Printed in Japan